高职生
创新创业教育（下）

GAOZHISHENG
CHUANGXIN CHUANGYE JIAOYU (XIA)

主　编　李　盟　杨忠祥　朱栋国
副主编　周　政　刘素英　陈妍斌　朱文昊
主　审　邹礼均

重庆大学出版社

内容提要

本书共分为 8 个模块,分别介绍了创业者概述、创业团队的组建与管理、创业机会与创业资源、创业计划书、新企业开办与管理、创业风险及规避、创业的财务管理、高职生创新创业大赛等知识。本书体例新颖,凸显创新性。本书以案例为导向,在讲解理论知识的同时,加入案例探析、拓展阅读等板块,更注重教学的实践性。本书语言表述明白晓畅,可读性强,为高职生在创新创业方面的研究和学习提供了参考。

图书在版编目(CIP)数据

高职生创新创业教育.下／李盟,杨忠祥,朱栋国
主编.--重庆:重庆大学出版社,2024.2
ISBN 978-7-5689-4364-2

Ⅰ.①高… Ⅱ.①李…②杨…③朱… Ⅲ.①高等职
业教育—创造教育 Ⅳ.①G717.38

中国国家版本馆 CIP 数据核字(2024)第 015566 号

高职生创新创业教育(下)

主　编　李　盟　杨忠祥　朱栋国
副主编　周　政　刘素英　陈妍斌　朱文昊
主　审　邹礼均
策划编辑:沈　静
责任编辑:沈　静　版式设计:沈　静
责任校对:邹　忌　责任印制:张　策

*

重庆大学出版社出版发行
出版人:陈晓阳
社址:重庆市沙坪坝区大学城西路 21 号
邮编:401331
电话:(023)88617190　88617185(中小学)
传真:(023)88617186　88617166
网址:http://www.cqup.com.cn
邮箱:fxk@cqup.com.cn(营销中心)
全国新华书店经销
重庆升光电力印务有限公司印刷

*

开本:787mm×1092mm　1/16　印张:9.75　字数:234 千
2024 年 2 月第 1 版　2024 年 2 月第 1 次印刷
印数:1—4 000
ISBN 978-7-5689-4364-2　定价:39.00 元

前　言

　　高职生创新创业教育是根据教育部相关文件要求,以培养高素质创新人才为目的,以提升高职生的创新意识、训练高职生的创新思维、提高高职生的创业能力为目标,以科学的创新创业理论和实践为内容的关注高职生发展和人生规划的教育。结合职业教育,通过传授创业知识,培养高职生的创业能力和创业品质,高职生毕业后能够顺利步入社会,实现自主创业和自我发展的教育。高等职业院校依法依规对高职生开展创业教育,鼓励和扶持高职生创新创业活动,着力培养高职生的创业意识、创新精神、创业知识结构、创业能力等综合性的创业素质。高等职业院校在进行创新创业教育时,应以创业理论知识为基础,培养高职生的创新意识和思维,提高高职生的创业素质和能力,理论结合实践,通过校企、校地、校校联合帮助高职生进行社会实践,掌握创业知识,激发创业精神,树立创业意识。此外,创新创业教育能够推动就业,提升高职生的就业竞争力。

　　本书在习近平新时代中国特色社会主义思想的指导下,由就业创业领域的专家、学者和富有实践经验的高校教师共同编写完成。全书共分为 8 个模块,模块 1 至模块 8 分别介绍了创业者概述、创业团队的组建与管理、创业机会与创业资源、创业计划书、新企业开办与管理、创业风险及规避、创业的财务管理、高职生创新创业大赛等知识,内容涵盖从高职生自身素质到创业客观因素的一系列详细介绍。

　　本书的主要特色为:一是形式体例新颖,凸显创新性。本书以案例为导向,在讲解理论知识的同时,加入了案例探析、拓展阅读等板块,使其并不呈现出过多的理论,更加注重实践性。二是采用案例教学,化复杂为简约。本书所提供的案例大多具有代表性,理论联系实际,通俗易懂,简洁明了。三是语言表述明白晓畅,可读性强。

　　本书由重庆安全技术职业学院李盟、杨忠祥、朱栋国担任主编;重庆安全技术职业学院周政、刘素英、陈妍斌,重庆电子工程职业学院朱文昊担任副主编;重庆安全技术职业学院邹礼均担任主审。具体编写分工为:模块 1、模块 2、模块 3 由李盟、杨忠祥、陈妍斌编写;模块 4、模块 5 由李盟、周政编写;模块 6、模块 7 由朱栋国、刘素英、朱文昊编写;模块 8 由杨忠祥、陈妍斌编写。

　　本书在编写过程中借鉴了大量相关的文献资料,得到了许多专家学者的大力支持,在此谨向他们表示诚挚的谢意。同时,由于编者的专业知识和能力有限,书中难免出现疏漏和不当之处,希望广大读者提出宝贵的意见和建议,让我们继续提高和完善。

编　者
2024 年 1 月

目 录

C O N T E N T

参考文献

模块 1
创业者概述

1.1 创业者的概念

创业是一项艰巨而复杂的工程,而创业者作为其中最关键、最具能动性的因素,其能力和素质直接关系到创业活动的成败。提起创业者,人们会如数家珍般地列出一份长长的名单。创业的成功,离不开他们独特的品质特征,如强烈的成功欲望、勇于承担风险的心理素质等。

1.1.1 创业者的含义

创业者(Entrepreneur)一词由理查德·坎蒂隆(Richard Cantillon,1680—1734)于1755年首次引入经济学。1800年,巴蒂斯特·萨伊(Jean-Baptiste Say,1767—1832)首次提出了创业者的定义,他将创业者描述为将经济资源从生产率较低的区域转移到生产率较高区域的人,并认为创业者是经济活动过程中的代理人。约瑟夫·熊彼特(Joseph Alois Schumpeter,1883—1950)则认为创业者应为创新者。这样,创业者概念中又加了一条,即创业者应当具有发现和引入新的、更好的、能赚钱的产品与服务和过程的能力。

在欧美学术界和企业界,创业者被定义为组织、管理一个生意或企业并承担其风险的人。创业者有两个基本含义:一是指企业家,即在现有企业中负责经营和决策的领导人;二是指创始人,通常理解为即将创办新企业或者是刚刚创办新企业的领导人。由此可见,创业者是指某个人发现某种信息、资源、机会或掌握某种技术,利用或借用相应的平台或载体,将其发现的信息、资源、机会或掌握的技术,以一定的方式,转化、创造成更多的财富、价值,并实现某种追求或目标的过程的人。

1.1.2 创业者的特征

学术界研究发现,创业者的心理特征比天生特质重要得多,并且心理特征或素质在一定程度上可以改变和培养。创业者区别于一般人的特征主要表现为以下6个方面。

1)创新

创新是创业精神的本质所在,创业者趋向于那些具有创新精神的群体也就不足为奇了,创业者善于发明新的方法来迎接不同的挑战。

2)成就导向

创业者几乎无一例外都是目标导向型的,他们能够很自然地设定个人目标并不断学习、成长,以确保完成这些目标。

3）独立

创业者往往是独立自主者。他们大多数都高度自我依赖,而且他们中的许多人都倾向于通过独立工作来完成他们的目标。

4）内控型人格

创业者很少把自己看作是环境的受害者,而是自己命运的掌控者。这可能是由于他们具有把消极的环境看作是机会而不是威胁的趋向。

5）低风险厌恶

创业者不会为了由风险带来的利益而去寻找风险,而是对风险有更多的包容性,并且在寻求方法、降低风险方面更具有创造性。

6）对不确定性的包容

创业者总是比其他人更加适应动态的变化。

1.1.3　创业者应具备的知识和能力结构

1）创业者应具备的知识结构

创业者的知识素质对创业起着举足轻重的作用。在知识大爆炸、竞争日益激烈的今天,单凭热情、勇气、经验或只有单一专业知识,要想成功创业是很困难的。创业者要具备创造性思维、做出正确的决策,必须掌握广博的知识,具有一专多能的、合理的知识结构。

知识结构是指一个人经过专门学习、培训后所拥有的知识体系的构成情况与结合方式。所谓合理的知识结构,就是既有精深的专业知识,又有广博的知识面,具有事业发展实际需要的最合理、最优化的知识体系。合理的知识结构既是实现创业目标的必要条件,又是个人事业发展的基础。

创业者应具有从事创业活动相关的扎实的专业基础和完善的知识结构。创业者的专业知识对创业者确定创业目标和成功创业有直接作用。除此之外,创业者还应掌握与经营管理相关的非专业知识。具体来说,创业者应具有以下几个方面的知识。

①政策法律法规。理解法律与政策的内涵和意义,做到用足、用活政策,依法行事,用法律维护自己的合法权益。

②科学的经营管理知识和方法。可以帮助创业者不断提高自身的管理水平。

③与本行业、本企业相关的科学技术知识。依靠科技进步,增强公司竞争能力。

④市场经济方面的知识。如市场营销、财务会计、财政金融、国际贸易等知识。

⑤有关世界历史、世界地理、社会生活、文学、艺术等人文素养方面的知识。创业者应该在事业起步之前就建立合理的知识结构,培养科学的思维方式,提高自己的实用技能,以适应创业的要求。

2）创业者应具备的能力结构

能力结构,是指一个人所具备的能力类型及各类能力的有机组合。从不同角度或不同

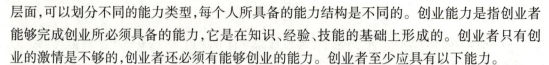

层面,可以划分不同的能力类型,每个人所具备的能力结构是不同的。创业能力是指创业者能够完成创业所必须具备的能力,它是在知识、经验、技能的基础上形成的。创业者只有创业的激情是不够的,创业者还必须有能够创业的能力。创业者至少应具有以下能力。

①创新能力。是指能够提出新观点、新办法,能够创造性地解决现实问题的能力。

②分析决策能力。是指通过对企业所面临形势的分析,对企业的发展和问题的解决等方面做出决断、确定方向的综合性能力。

③预见能力。是指创业者根据当前经济发展形势或企业生存环境等方面的特点、方向、趋势进行预测、推理的一种思维能力,是思维能动性的表现,也是一项重要的创业能力。

④应变能力。是指创业者在外界环境和事务发生改变时,能够做出正确的反应和决策。

⑤用人能力。想要成为一名成功的创业者,必须有一套自己的"管人用人"的能力。

⑥组织协调能力。是指根据工作任务,对资源进行分配,同时,控制、激励和协调群体活动过程,使之相互融合,从而实现组织目标的能力。

⑦沟通能力。是指善于交流与表达,与他人进行有效沟通的能力。

⑧激励能力。是指根据人的行为活动规律,采取有效的方法,充分调动和发挥人的工作积极性的能力。

创业能力是以智力活动为核心的能力,同时,创业能力也具有很强的社会实践性,创业能力与创业实践活动是紧密相连的。创业能力的强弱,决定了创业实践活动效率的高低。反过来,创业实践活动又可以促成创业能力的形成和发展,只有在创业实践活动中,通过完成各项艰巨而富有挑战性的工作,才能激发个体的创业能力。因此,并不是要求创业者必须完全具备以上能力才能去创业,而是需要创业者本人具有不断提高自身素质的自觉性,并付诸实践。要真正提升创业能力,一是靠学习,二是靠改造。要想成为一个成功的创业者,就要做一个终身学习者和改造自我者。

1.1.4　创业能力的训练与培养

1）责任感与决策力

承担责任和决策力是创业者具备的第一要素。有了责任承诺(承诺是指对过去所做努力的坚持)和决策力,创业者可以扫平难以想象的障碍,并且可以改正其他缺点。责任感与决策力通常意味着个人牺牲。衡量创业者的责任承诺有以下3个方面:是否把自己净资产的一大部分投资于企业;是否愿意接受较少的薪水;在生活方式和家庭上是否做出较大牺牲。

2）领导力

成功的创业者不需要凭借正式权力(多为组织授予的权力)就能向别人施加影响,这就是领导力。他们善于化解冲突,懂得什么时候以理服人,什么时候以情感人,什么时候该做出妥协,什么时候寸步不让。要想成功经营企业,创业者必须学会与许多不同角色(包括客户、供应商、资金援助者、债权人、合伙人以及内部员工等)和谐相处。由于不同的角色在目标上常会有冲突,因此,创业者要成为一个调停者、磋商者。

3）执着于创业机会

成功的创业者会为创业机会而殚精竭虑。他们的目标是寻求并抓住商机,将其变成有价值的东西。他们受到的困扰往往是陷在商机里不能自拔,因为他们总能发现各种各样的机会。这就要求创业者区分各种创意和机会的价值,抓住重点。

4）对风险不确定性的容纳度

创业总是伴随着高风险性、模糊性和不确定性,成功的创业者需要容忍高风险性、模糊性和不确定性。他们能乐观而清晰地看到公司的未来,从而保持勇气。通过仔细定义目标、战略,控制和监督他们的行动方式,并按照他们预见的未来加以调整,减少创业风险。成功的创业者将压力转化为动力,将绩效最大化,将负面影响、精疲力竭和沮丧情绪最小化。

5）创造自我依赖和适应能力

成功的创业者不满足也不会停留于现状,而是持续的革新者。真正的创业者会积极寻找主动权并采取主动。他们喜欢主动解决问题,通过创新和创造实现生存和发展。成功的创业者具有很强的适应力和恢复力,能够从错误和挫折中学习经验,能够在将来避免类似的问题发生。成功的创业者也是优秀的听众和快速的学习者。

6）超越别人的动机

成功的企业家会受到内心强烈愿望的驱动,希望和自己定下的标准竞争,追寻并达到具有挑战性的目标。新创建企业的创业者对地位和权力的需求很低,他们从创建企业的挑战和兴奋中产生个人动机。他们受获取成就的渴望,而不是地位和权力的驱动。如何提升创业者(包括潜在创业者)的创业能力,是创业教育需要回答的问题。

面对信息社会,创业教育受到前所未有的重视并迅速普及。创业教育的重点在于分清新创企业管理与大公司专业化管理的区别。首先是培养学生对机会的识别、评估和捕捉能力。能够看到或者想到做事情的新方法是创业精神的根本所在,对机会的评估是一种重要的技能。其次是培养学生掌握和运用管理知识和技能创建并管理新企业,使机会转化为商业利润和社会价值。最后是培养学生面对不确定性环境的应变能力。

1.2　创业者的分类

1.2.1　根据创业动机分类

1）生存型

目前,我国的创业者大多为下岗失业人员、失去土地或出于种种原因不愿困守乡村的农民以及刚刚毕业不找工作的高职生。这是数量最大的创业人群。清华大学一项调查报告显示,生存型的创业者占我国创业者总数的90%。其中,多数人创业仅仅是为了谋生。这一类型的创业范围均局限于商业贸易,少量从事实业(基本是小型加工业)。

2)变现型

变现型创业者往往是过去具有一定权力,或者聚集了大量资源的人,在机会适当的时候便会开公司、办企业,实际是将过去的权力和市场关系变现,将无形资源变现为有形的货币。

3)主动型

主动型创业者可以分为两种,一种是盲动型创业者,一种是冷静型创业者。前一种创业者大多极为自信,做事冲动。这样的创业者很容易失败,但一旦成功,往往就能干成一番大事业。而冷静型创业者是创业者中的精英,其特点是谋定而后动,不打无准备之仗,或是掌握资源,或是拥有技术,一旦行动,成功概率通常很高。

4)赚钱型

还有一种类型的创业者,除了赚钱,他们没有明确的目标,就是喜欢创业,喜欢做老板的感觉。他们不计较自己能做什么,会做什么,可能今天在做这一件事,明天又在做那一件事,他们所做的事情之间可以完全不相干。其中有一些人,甚至连对赚钱都没有明显的兴趣,也从来不考虑自己创业的成败得失。奇怪的是,这一类创业者中赚钱的并不少,创业失败的概率也并不比那些兢兢业业、勤勤恳恳的创业者高,并且这一类创业者大多过得很快乐。

1.2.2 根据创业优势的不同分类

1)销售型

销售型创业者个人具有很强的销售能力,善于和客户打交道。他们在创业之前通常是做产品和服务的销售或者代理,其特点是创业者在这个行业积累了广泛的客户基础,创业后即可获得大量客源,尤其是渠道关系。有了这个基础,对新创业的企业来说就有了生存基础,企业解决了生存问题,发展就成为必然。因此,销售型创业者主要是利用前公司的客户资源,为自己以后的创业铺设了一条光明大道。销售型创业者的特征是抢占或利用前公司的资源,业务模式和产品与前公司基本雷同。相对于其他创业类型来说,这种创业类型是最容易成功的。

2)技术型

技术型创业者不善于销售产品,不善于和客户打交道,也可能不善于企业管理,他们拥有的优势是核心技术和对技术的执着追求,他们拥有行业内乃至全球顶尖的技术。由于技术的优势,他们与销售型创业者相比就更显得不同,也更难像销售型创业者那样快速创业成功。技术型创业者有时很难得到商人或者投资者的认可,不仅是因为很多技术属于不成熟的技术,而是就算是非常先进的技术,其商业化推广也需要一段时间,这对于一些投资家来说还是存在很多风险。不过,一旦核心技术可以得到商业化的运作,他们的创业将会得到一些投资者的青睐。

3)管理型

管理型创业者和前两类创业者的区别在于:他们在以上两个领域中都不具备优势,即在渠道上缺乏先天优势且没有核心技术。他们的优势在于对企业战略的准确把握,熟悉企业管理系统或企业的运营系统。特别是这类人创业需要精通人力资源管理,尤其是用人管理方面必须拥有自身优势,否则,如果不能建立一个有效合作的团队,创业将难以成功。当然,这类人创业如果有一定的资金支持,就更容易获得成功。这类人的特点是具备足够的实力进入一个行业,或者具备足够的资金和管理能力,能够将创业的公司带入稳定的发展时期,此后他们在企业管理方面的优势将会更加显现出来。

4)投资型

这类人属于投资者,他们拥有的是对行业前景的洞察力、对人力资源良好的判断能力和对财务合理的控制能力。他们拥有的资金足够聘请优秀的职业经理人,让职业经理人管理企业,将企业做大做强。投资型创业者不像前面 3 种类型的创业者,他们基本不需要亲自参与管理或企业的经营活动,他们擅长的是资本运作,据称是高境界的创业类型。

1.3 创业者应具备的素质与能力

"没有人能随随便便成功。"任何创业都会遇到困难,这些困难很多时候不是仅靠资源就能解决的,而更多地需要创业者具有强大的能力和心理能量。一般来说,创业者必须具备以下素质和能力。

1.3.1 创业者素质要求

1)身体素质

身体是革命的本钱,创业者在创业过程中要有相对健康的身体。具有健康的体魄和充沛的精力,才能面对巨大的风险和压力。特别是在创业初期,受资金、经验和市场环境等多方面条件的限制,创业者要解决的问题很多。只有具有健康的身体,才能承担创业重任。

2)心理素质

创业者要能够根据市场的需要和变化,确定正确且令人奋进的目标,并带领员工战胜逆境实现目标。首先,在创业之初就要做好失败的准备,也要能承认暂时失败的现实。其次,创业者必须具有强大的自我调节能力、适应能力和良好的心理素质。

3）文化素质

由于创业初期需要考虑的问题很多，如资金、技术、管理与相关企业和政府部门的关系等，因此，创业者的知识结构在创业过程中起着举足轻重的作用。高职生要创业，需要懂法律、会管理、懂销售、懂财务，不断丰富自己的知识结构。

4）冒险精神

俗话说："不入虎穴，焉得虎子？"创业过程中必定面临若干风险和困难，高职生创业者面对创业路上可以预见或者不可预见的风险，必须具有敢闯敢拼的冒险精神。

1.3.2　创业者的创业动机

从短期看，创业者的需求层次及其影响因素的共同作用形成了创业者不同的创业动机，不同的创业动机导致创业者创业行为过程与行为结果的差异。同时，创业者的创业活动使得创业者的现实需求得到满足。从长期看，由于需求在时间上的连续性，已有需求的满足又会产生新的需求，从而形成一个循环，最终表现为创业精神对经济增长的贡献与经济的繁荣。由此可见，决定创业者行为差异的深层次原因是创业者的需求层次及其影响因素。

创业动机是各种因素共同作用的结果。一方面，包括创业者的个性特点、个人所处的商业环境等相关外在环境、个人目标和可行的商业计划等。另一方面，意味着创业者会将预期的创业结果同自己的心理期望相比较。此外，创业者还应关心创业中付出的努力与可能的收获之间的关系。

创业者最初的期望和最终的结果会极大地影响到他们创建和维持一个企业的动力。当企业的经营业绩达到或超出期望，创业行为就会被正面强化，创业者将有动力继续创业。而最终是留在现在的企业，还是创建另一家新企业需要根据他们的创业目标而定。当实际结果难以达到预期时，创业者的动力就会下降，并对其继续创业的决定产生负面影响。这些对未来的预期同样会影响后期企业战略的制定、战略的实施和企业管理。

由于创业者的需求层次不同，因此，产生的创业动机也存在差异。机会拉动型创业者的需求层次比生存推动型创业者高，机会拉动型创业者的创业动机受自我实现需求的推动，机会拉动型创业者大多没有生活压力，同时具备一定的知识、经验和能力，敢于承担风险，相信能通过创业活动来实现自己的价值。生存推动型创业者则处于生理需求或安全需求等较低的需求层次，生活压力是生存推动型创业者处于生理或安全需求的根本原因。由此可见，不同的需求层次决定了不同的创业动机，从而影响创业者的行为过程与行为结果。

从间接影响创业动机形成的原因看，创业者的需求层次还受诸多具有长远意义的宏观因素的影响。一是社会保障。高水平的社会保障可以提高人们的需求层次，由需求层次决定创业动机，可以得出：社会保障越高，机会拉动型创业比率就越高；社会保障越低，生存推动型创业者比例就越高。二是收入水平。创业者作为理性个体，短期内的收入变化不会对创业者需求层次产生显著作用，长期内收入变化必然导致创业者需求层次的变化。如收入水平提高有利于创业者需求层次的提升，反之则会下降。三是人口统计特征。人口统计特征是创业者自身特点的整体体现,主要表现为创业者群体的受教育水平、经验和经历等因素。由于人口统计特征的差异,相同的外部要素对创业者个体的作用产生不同的结果,从而形成同一国家或同一地区创业者需求层次的多样性和创业者创业动机的差异性。

1.3.3　创业者能力要求

1）创新能力

美国现代成功学大师拿破仑·希尔(Napoleon Hill,1883—1969)说过:"创新是力量、自由及幸福的源泉。"创新贯穿创业的全过程,无论是发现机遇和市场,还是撰写创业计划书,进行创业融资乃至创业活动的管理与控制,都是创新的过程。创新能力是技术和各种实践活动领域中不断提供具有经济价值、社会价值、生态价值的新思想、新理论、新方法和新发明的能力。作为一个创业者,必须具有在技术和管理上的创新能力。创新不一定是创造新的事物,有很多创新是在原来的基础上进行的再创造,即发现、总结前人和自己失败的创新经验,对前人失败的经验进行分析和研究,总结出新的方法和途径。如"90后"创业代表向仁楷设计出一款名为"长颈鹿朋友"的可穿戴设备:一个带夹子的圆形徽章,可以固定在上衣领口,徽章内置的陀螺仪会实时监测身体的倾斜度,与手机联动,随时提醒用户注意坐姿。

2）管理能力

首先是创业者的自我管理能力,即创业者对自己的目标、思想、心理和行为等表现进行管理,创业者要具备很强的自律性。其次,创业者必须具备包括资金核算、分配、使用以及人员的选择、使用、组合、优化和流动等方面的经营管理能力。管理能力是运筹性能力,直接影响效率和效益。

3）社交能力

在创业过程中,创业者需要与客户、销售商、企业内部员工等各种人员打交道,因此,创业者必须具备良好的沟通、交流、协调的能力。与外界的交流、沟通可以排除障碍,化解矛盾,降低工作难度,增加信任度,有助于创业的成功。

4）应变能力

应变能力是指创业者在企业的内部管理和对外经营中遇到突发事件时,能够根据事件的发展特点、方向、趋势进行预测、推理、应变、协调,通过积极的沟通和协调,使事件得到有效解决或按照创业者期望的方向发展的能力。创业是一个风险与机遇并存的过程,创业者必须具备一定的应变能力。

5）决策能力

决策能力是创业者根据各方面的条件,从实际情况出发,正确制定创业的发展方向、目标、战略以及具体选择实施方案的能力。创业者的决策能力通常包括分析能力、判断能力。首先,要对众多创业目标进行比较分析,选择最适合发挥自己特长与优势的创业方向。在创业过程中,能够从错综复杂的现象中发现事物的本质,找出存在的真正问题,分析原因,正确处理问题,这就要求创业者具有良好的分析能力。判断能力就是能从客观事物的发展变化中找出因果关系,并善于从中把握事物的发展方向。分析是判断的前提,判断是分析的目的,良好的决策能力是良好的分析能力和较强的判断能力来实现的。

1.4 创业动机

1.4.1 创业动机的概念

动机(Motivation)一词最早源于拉丁语的 Movere,即推动的意思,后引申为对所有引起、支配与维持生理和心理活动的过程的概括。所谓动机,是指由特定需要引起的,希望满足各种需要的特殊心理状态和意愿,也是一个人想要做某件事情而在心理上形成的思维途径。动机是在目标或对象的引导下,激发和维持个体活动的内在心理过程或内部动力。动机必须有目标,目标引导个体行为的方向,并且提供内在动力。动机要求活动,活动促使个体达到他们的目标。尽管动机属于一种内部的心理过程,但是近年来一些心理学家根据动机的来源,将其区分为外部环境激发的动机和内部心理因素激发的动机两种类型。外部环境激发的动机,主要是由外界环境激发人们的需求产生的;内部动机,则是由个体内在需要引起的。内部动机一般指向马斯洛需要层次理论的高层次需求,如自我实现;外部动机一般指向低层次需要,如安全感、归属感等。

由于创业研究作为一门新兴学科,有关创业本身的定义尚未统一,因此,目前关于创业动机的概念,更是随着研究人员的目的与构思的不同而具有较大的差异性,人们分别从不同的研究角度对其进行概念界定。

在国外的研究者中,Olson(1984)指出,创业动机是创业行为背后的驱动力,促使具有创业能力和创业条件的个体进行创业,并认为创业动机是区分创业者和潜在创业者的重要区别。Robichaud(2001)认为,创业者的创业动机被看作是其通过经营企业的所有权来寻求的目标,创业者的目标决定了他的行为模式,进而决定了创办的企业能否成功。Shane(2003)认为,创业动机是创业者根据自我意愿产生的一种自发行为,体现了创业者自发参与创业活动以实现创业目标与个人成就的自身特性。Baum,Locke(2004)将创业动机视为创业者在创业活动过程中形成的自我驱动力,源于创业者对于创业目标和自我实现的不断追求。

随着国内对创业动机研究的增多,创业动机的概念也在不断丰富。何志聪(2004)提出,创业动机是个体创业行为背后的驱动力,是个体创业前所表现出来的目标或愿景。创业动机不是一个抽象的概念,而是内化为创业者个体的目标,激励创业者的行为,激励创业者去寻找机会、把握机会,并最终实现创业成功。王玉帅(2008)认为,创业动机是激发和维持个体进行创业活动。曾照英、王重鸣(2009)认为,创业动机,即激发、维持、调节人们从事创业活动,引导创业活动朝向某一目标的内部心理过程或内在动力。该定义认为,创业动机是环境影响与创业者个性特点共同作用的产物。综上所述,我们将创业动机的理解归纳如下。

①创业动机是促成创业行为的驱动力,驱动、激励创业者去辨识、抓住机会,朝着特定的目标坚持不懈,努力实现创业的成功。

②创业动机并非一个抽象概念,而是个体创业前表现出的对既定目标的憧憬,而恰恰是这份对目标的憧憬内化为创业者个体的信念,进而激励创业者积极创业。因此,为了研究需要,本书将创业动机定义为企业家由于个体内在或外在的需要而在创业时表现出来的目标或愿景,它在创业的过程中驱动创业者的行为,激发和维持创业者从事创业活动。

创业动机的主要功能是激发、导向和维持。第一,创业动机可以激发主体有意识地关注、收集有关创业机会的信息,通过其已有的知识判断机会的价值,继而抓住机会进行整合资源等一系列的创业活动。第二,创业是一个十分复杂、艰难的过程,创业动机会不断促使创业者朝着目标努力,不至于迷失方向。第三,创业过程充满风险和未知的困难,这对创业者来说是一个极大的考验。创业动机可以使创业者保持创业的激情和信心,继续进行创业。总之,创业动机不仅是创业者行动的起因和推动力,也是帮助创业者克服创业过程中的各种困难的良药,创业动机在整个创业过程中都起着决定性作用。

1.4.2　创业动机类型

有关创业动机类型划分的问题,最早对此进行研究的是 Kuratko 和 Naffziger,他们通过实证研究得出了一个四因素的动机结构,即外在报酬、独立自主、内在报酬、家庭保障。根据创业动机的差异性,全球创业观察 GEM(2001)把创业动机分为两类,生存型创业动机和机会型创业动机。生存型创业动机,即出于生存的动机。创业者把创业作为其不得不做出的选择,创业者必须依靠创业为自己的生存和发展谋求出路。机会型创业,即出于机会的动机,创业者把创业作为其职业生涯的一种选择,在发现或创造新的市场机会下选择创业。生存型创业是一种被动型的创业,他们将创业动机分为经济性动机和社会性动机。他们发现,创业者很少只受单一动机驱动,经济性动机和社会性动机交织在一起对创业者产生推动作用。

1.4.3　影响创业动机的主要因素

创业动机是个体创业行为的驱动力,是一个非常复杂的心理现象,其产生受有机体内外多种因素的影响。个体创业的动因或驱动力往往不是单一的,而是多种动因共同促进。综合以上研究,本书认为,创业动机是个体因素与环境因素共同相互作用的结果。个体因素,即个体人格的特质、个体的认知、能力特征与个人心理特征等;环境因素则包括政治、经济等社会大环境,也包括文化氛围及当地政府、院校对创业所持态度等。

1)环境因素

创业动机的形成过程受社会环境影响很大,如社会支持度、文化氛围、家庭关系及教育体制等因素都会对其产生影响。即使创业者拥有创业的动机,具备创业的人格特质,依然需要符合社会的文化背景,因为所有的实践活动都是在特有的社会文化背景下进行的。创业者依然需要得到来自他人的支持,尤其是来自家庭的支持,以鼓励创业者把动机化作行动,从而实现创业者的理想。

（1）社会文化环境

一个国家或地区的文化环境影响当地人的创业意识和动机,积极的创业文化能更多地萌生创业动机,从而使有创业动机的个体有意识地搜寻因为环境的变动带来的商业机会。

社会文化环境是影响人们欲望和行为的重要因素。在不同的文化背景下生活,会建立起不同的观念和信仰,遵循不同的行为规范。它直接影响着人们是否具有追求创新的热情,人与人之间能否建立起相互信任、相互合作的关系。个人的价值取向不同,其参与创业的欲望和动机也不同。

社会文化影响人们对机会的判断能力和敏感性。同样一件事情,有的人认为与自己无关,有的人认为是一个千载难逢的好机会。这种不同的判断与人的价值观、知识、经验等息息相关。不同的文化对于人们的思维方式和行为方式等有着不同的影响。在一个崇尚冒险的地方,人们把变化看成机遇,把不确定性看成未来成功的一种可能。但是,在一个文化比较保守、缺乏创新精神的地方,人们往往对于变化感到恐惧或无措,甚至绝望。

（2）创业政策

创业政策是为激励一个国家或一个地区经济主体的创业精神,提高其创业活动水平采取的政策措施,包括对创业活动和成长企业的规定、对就业的规定、对环境和安全的规定等。创业政策是为创业者从事创新与创业活动降低创业壁垒,营造良好的环境和氛围,促进创业活动,进而达到推动经济增长的目的。国家经济政策影响着创业活动,进而影响经济的增长。当国家的经济自由程度增加时,个体更愿意自己创业。随着我国市场经济的发展,高职生创业成为顺应时代发展潮流的一种行为,不仅学校为高职生创业提供了条件,国家也出台了很多优惠政策,大力扶持高职生创业。但是,当前高职生创业融资方面仍有诸多限制,相关的配套服务和政策没有普及。因此,地方政府要督促各部门抓好政策落实,不断更新服务内容,为高职生创业提供资金、技术和政策方面的支持。

（3）家庭背景

家庭环境中的父母类型、父母职业类型等会对子女的创业动机产生影响。家庭是否存在创业背景对子女是否选择创业存在显著影响。如果家庭成员具有公司创业背景或业务开创与管理经验,这将为其子女营造良好的创业氛围,从而引导其参与创业活动并对未来的创业活动提供相应的支持,提高创业的存活率与成功率。父母职业对子女创业动机的影响体现在子女能更好地利用家庭经济条件和人脉资源,为创业提供了更多的机会和便利条件。同时,相关研究指出,家庭商业背景、家庭经济状况对子女价值观、职业观、生活态度和行为等有着深远的影响。

2）个体认知因素

决定个体创业与否很大程度取决于个体的认知,包括个体对自己能力、人格特征以及创业理念能否付诸行动的一种主观评估。

（1）人口学变量

通过研究发现，个体的性别、经济条件、受教育程度、职业种类等都会影响创业道路的选择。男性比女性更倾向于选择自主创业，家庭经济条件较差者受物质追求的驱动选择创业，而家庭经济条件较好者则更多受成就动机和自我实现的要求选择创业。Jose Veciana 等（2005）针对 4292 名青少年及 933 名 MBA 的学生进行调研，发现男女性别在创业自我效能感上具有显著差异，男生显著高于女生。GiSeung Kim（2007）针对不同民族、性别和受教育水平的个体进行调研发现，那些具有较高受教育水平的男性创业的可能性高于其他群体。

（2）人格特质因素

人格特质在创业过程中影响创业者是否创业的决策制定。人格特质的研究者关注创业者的个性特质和倾向，研究发现，人格特质主要由遗传或遗传与环境的交互作用的影响决定。Whetton 和 Cameron（1998）研究发现，外向性特质、开放性特质影响创新能力与创业倾向。也有研究者认为，个性特质对创业动机的影响有限，这可能与个体的特质会随时间改变而改变有关。

（3）个体认知能力

个体认知能力对创业动机具有重要影响。影响个体创业动机的认知能力具体指发现、识别机会的能力。具有发现并能辨认机会的能力，个体就更能发现潜在的商业价值，进而产生创业意图，促进创业活动的开展。创业者具备的知识和技能会影响其是否创业以及创业动机的强度。通过教育，特别是创业教育，能够增加创业者的数量和质量。个体获得与创业相关的知识越多，越能促进创业。

（4）心理特征

心理特征主要包括创业自我效能感。创业自我效能感是指个体相信自己能够成功扮演各种创业角色，并完成各项创业任务的信念强度。创业自我效能感不仅反映了过去的经验和成就，更重要的是，它能给个体提供自己能够胜任的结论。因此，创业自我效能感对创业过程很重要，它涉及个体有信心执行一项任务并且有信心获得结果，它提供了有能力的感觉。在创业企业家不确定结果的背景下，它是预测行为的一个有效指标。如果个体认为自己具有必备的创业企业家能力，如风险承担能力等，那么他就更倾向于选择创业。

模块 2
创业团队的组建与管理

2.1 创业团队概述

2.1.1 创业团队的概念

任何一项伟大的事业都不是一个人能做成的,而是需要找到志同道合的人组成团队才能实现。团队是指为了一个共同目标而在一起工作的一些人组成的协助单位。创业团队是指在创业初期(包括企业成立前和成立早期),由一群才能互补、责任共担、愿为共同的创业目标而奋斗的人组成的特殊群体。

一般而言,创业团队由目标、人员、团队成员的角色分配和创业计划四大要素组成。通常,小微企业规模不大,其创业团队主要由下列人员组成:业主或经理,即创业者本人;股东或合伙人;员工;企业顾问。

1)业主或经理

在大多数小微企业中,业主就是经理,也是团队的领导者。只有业主(经理)可以行使以下职责:开发创意、制订目标和行动计划;组织和调动团队成员实施行动计划;确保计划的执行,使企业达到预期的目标。

在计划开办新企业和制订企业计划时,创业者要考虑自己的经营能力,要明确哪些工作可以由自己去做,哪些工作是自己既没能力做,也没时间去做,而需要安排别人去做的。如果需要一个经理分担部分工作,就要考虑其应具备的能力和经历。

2)股东或合伙人

如果创业团队成员共同出资创办企业,即企业不止一个业主,那么,这些团队成员将以合伙人或股东的身份共享收益、共担风险。他们将共同决定彼此如何分工合作,也许一个负责销售,另一个负责采购,还有一个负责管理。要管理好一家合伙制企业,合伙人之间的交流一定要透明和诚恳。合伙人之间意见不一致可能导致企业倒闭,因此,有必要准备一份书面合作协议,明文规定各自的责任和义务。

3)员工

如果创业团队成员全部投入企业工作,那么,创业团队成员首先是企业的员工。如果创业者本人没有时间或能力把全部工作承担下来,就需要雇人。小企业可能只需要雇 1～2 个临时工作人员,大企业则需要雇用很多的全职员工。

4)企业顾问

各种咨询意见对创业团队都有意义,因为任何一个创业者不可能是所有企业事务方面的专家。创业者一定要认准那些对自己有过帮助而且将来还可能扶持自己的行业专家,包括专业协会会员、会计师、银行信贷员、律师和政府部门官员等,邀请或聘请他们成为企业的咨询顾问。

对于创业者来说,寻找创业合作伙伴、组建创业团队是非常重要的。创业者在选择创业合作伙伴时,必须从多方面考虑自己的真正需要,充分考虑创业的环境和自己的切身利益。一个理想的创业合作伙伴不仅是一个能为企业提供资金、技术、安全感和其他方面帮助的人,更重要的是,这个人应该是一个能让创业者信任、尊敬并能与之同甘共苦的人,是一个能与创业者的才能、性格等方面形成互补的人。

2.1.2　组建创业团队的原则

如何组建创业团队并没有标准答案,理论研究的结论和创业实践的结果常常自相矛盾,真可谓"一半是科学,一半是艺术"。这是由于创业团队的成员往往是性格各异,能力、知识、经历、志趣、背景差异很大的个体,激励并发挥每个成员的聪明才智需要领导艺术。而根据团队成员组成的不同特征,在特定创业环境中需要采取恰当的管理措施,科学地维护团队稳定和绩效稳定。组建创业团队需遵循以下原则。

1)诚实守信

重承诺、守信用是对创业团队最起码的道德要求,也是最基本的要求。创业合作伙伴将全面介入企业的经营管理,了解新创企业内部的所有情况。如果其存在道德问题,企业的资金、人员、对外形象等都可能遭受不必要的损失。此外,从经济学的角度来看,个人信用往往建立在一定的财产基础上,有财产的人往往更能承担责任。因此,作为资本匮乏的创业者寻找经济实力比较强的创业合作伙伴是可行的。

2)志同道合

创业团队一定要有一致的创业思路,有共同的目标愿景,认同团队要努力的目标和方向,同时,还要有自己的行动纲领和行为准则。创业者在组建创业团队时,一定要和创业合作伙伴事先沟通,了解对方创业的目的和动机。企业新创时期是非常脆弱的,需要创业者之间紧密团结,形成坚强的堡垒才能抵御外界的压力,否则等企业经营到一定阶段时,可能由于创业合作伙伴的意见不统一,企业发展停滞不前,甚至解体,创业失败。

3)取长补短

理想的合作者要求双方在能力、性格、资本上都具有较好的互补性。每个人都有自己的优势,也有自己的不足,这是创业者选择创业合作伙伴的重要原因。实现优势互补,合伙的各方都能真实感受到对方对于新创企业发展的重要作用,才会更加珍惜彼此的合作机会。加上集体智慧的力量,创业成功的概率就要大得多。例如,微软的创始人比尔·盖茨和保罗·艾伦,就在创业过程中起到优势互补的作用,两个人的优点都发挥到了极致。

4)分工协作

创业团队必须有性格完全不同的人,最完美的组合是内外分明。例如,负责设计、生产的人（主内）和负责销售的人（主外）配合。创业者一般是比较偏向主外的人，他们往往不容易找到主内的合适人选，主要原因是不知道找什么样的人合伙。理想的人选是聪明且野心不大的人。如果主外的创业者选择既聪明又有活力的合作伙伴，那么这两位积极进取的创业者很可能争取控制权，很可能发生冲突和争执。在控制权的归属上，最合适的是主外的人拥有控制权。

5）权责明晰

创业团队成员要以法律文本的形式确定一个清晰的利润分配方案，要把最基本的责、权、利界定清楚，尤其是股权、期权和分红权。此外，包括增资、扩股、融资、撤资、人事安排、解散等与团队成员利益紧密相关的事宜。其中，核心的条款是股权配置或投资比例问题。它不仅关系到各创业合作伙伴以后在企业中的地位、作用，还关系到创业合作伙伴的利益分配等实质性问题。因此，合作创业一定要做到账目清楚、手续齐全，签订好合作协议，把各方应尽的职责和应享的权益仔细确定下来。总之，宁可"先小人后君子"，也不要日后闹得"兄弟"反目成仇。对于所有账目的进出情况、合作实体的经营状况和损益情况，要定期在合作人之间公开，合作人之间的利益分配要严格按照合作协议中的规定办理。合作人私人使用合作实体财物的，要及时入账并在利益分配中予以扣除等。此外，值得一提的是，知心朋友并不等同于合适的创业合作伙伴。由于对社会事务的接触具有局限性，高职生创业者对创业合作者的选择往往会感情用事，比较容易单纯地把身边亲密的朋友等同于最理想的创业合作伙伴。当友情面对金钱的诱惑、公司经营的压力时，不是谁都能够经受得住考验的。默契的合作者有可能在长期的合作中成为知心朋友，但知心朋友并不一定都能成为最好的创业合作伙伴。因此，在选择合作伙伴时，千万不能感情用事。

2.2 创业团队组建

创业之路充满困难和艰险，仅靠创业者个人的力量是不够的。因此，组建和打造一支具有共同价值观和目标，能相互协作、共同奋斗的创业团队是必要的。

2.2.1 创业团队概述

1）创业团队的概念

创业团队内部的角色分工各有不同，创业者在组建创业团队时需要考虑团队成员具备的素质、条件和能力等。创业者只有遵循一定的原则和程序才能组建好创业团队。另外，在团队组建完成后，团队运行的过程中，创业者还必须对其进行动态调整。

团队是具有特定组织功能并协同工作的群体，团队能使团队成员发挥各自的知识和技能并协同工作，实现共同的目标。创业团队是由两个或两个以上创业者组成的具有特定的组织功能并协同工作的创业群体。创业团队成员应有共同的创业理想,具备不同的专业知识和能力,能够形成一个优势互补的动态系统。

2）创业团队的特征

一般来说,创业团队的构成要素包括目标、定位、职权、计划和人员。各要素之间相互影响,相互作用,缺一不可。创业团队具有以下 4 个方面的特征。

①创业团队具有共同的价值观、统一的目标和标准。这是组成创业团队的前提。创业团队必须为统一的目标奋斗,并具有一致的价值观,这样组成的创业团队才有战斗力。如果没有一致的目标和共同的价值观,即使创业团队组建起来了,也不能形成合力,缺乏战斗力。

②创业团队成员负有共同的责任。有了统一的目标和价值观后,创业团队成员还必须共同负起责任来达到目标。一个好的创业团队一定是一个成员能共同负责任的团队。

③创业团队成员的才能互补。这是组建创业团队的必要条件。当组建起来的创业团队成员的知识、才能可以互补时,这个团队就可以发挥出"1+1>2"的作用。如果创业团队成员的知识、能力不能互补,就失去了组建团队的意义,即使组成了团队,也不能发挥很好的作用,甚至会限制某些有能力的人发挥作用。

④创业团队成员愿为共同的目标做出奉献。这是创业团队能否取得成功的关键。创业团队成员除了有责任心以外,还要有甘于奉献的精神和行动。只有这样,才能成为新企业的核心,带领新企业前进。

2.2.2 创业团队的类型

目前,较为普遍的创业团队分类方法是根据创业团队的组成人员将创业团队分为星状创业团队、网状创业团队和虚拟星状创业团队。

1）星状创业团队

星状创业团队具有一个核心人物,充当带领团队其他成员前进的引路人的角色。星状创业团队的建立模式往往是核心人物先形成创业思想,然后根据其创业思想进行创业团队人员的甄选和组织。因此,在创业团队正式组建之前,核心人物应该已经就团队成员进行过详细的思考和计划,根据自己的谋划选择相应人员加入创业团队。这些加入创业团队的成员既可能是核心人物以前熟悉的人,也可能是核心人物以前并不认识的人,但这些团队成员有一个共同点,就是他们在新企业中更多扮演支持者的角色。星状创业团队具有以下特点。

①组织结构紧密,具有很强的凝聚力,核心人物在团队中的行为对其他成员影响巨大。

②决策程序相对简洁,组织效率较高。

③权力过分集中于核心人物,大大增加了决策失误的风险。

④鉴于核心人物在这种团队中的特殊地位,如果其他团队成员和核心人物发生冲突,那么他们在冲突发生时往往处于被动地位。当冲突较为严重时,团队成员一般都会选择离开团队,会对团队正常运作造成较大影响。

2)网状创业团队

网状创业团队的成员一般在创业之前都有非常紧密的联系,如亲属、同学、战友、朋友、同事等。网状创业团队的建立一般都是在这些人的交往过程中,共同认可某种创业思想,并就创业达成了一致意见,然后开始共同创业的。网状创业团队一般没有明确的核心人物,而是根据每个成员的特长自发进行组织角色定位。因此,在企业初创时期,每个成员往往扮演的是协作者或者伙伴的角色。网状创业团队具有以下特点。

①没有确定的核心人物,组织结构较为松散。

②进行团队决策时,需要采取集体决策的方式,通过团队成员反复沟通和讨论达成一致意见,因此,团队的决策效率相对较低。

③团队中容易出现多头领导的现象,这是由于团队成员在团队中地位的相似性造成的。

④如果团队成员发生冲突,一般会采取平等交流、积极应对的态度消除冲突,不会出现团队成员轻易离开的局面。但是,一旦团队成员间的冲突升级,某些团队成员离开团队,就容易导致团队的解散。

3)虚拟星状创业团队

虚拟星状创业团队由网状创业团队衍生而来,这是介于前两种创业团队形态之间的一种形态。在虚拟星状创业团队中,尽管有一个核心人物,但是其地位的确立是所有团队成员集体协商的结果。因此,虚拟星状创业团队的核心人物可以理解为整个团队的代言人,而不是团队主导人物,其在团队进行决策时,必须充分考虑团队其他成员的意见,而不像星状创业团队中的核心人物那样拥有绝对的权威。

2.2.3　创业团队的组建

创业团队成员的角色分工不同,需要发挥相互之间的互补作用。因此,创业者需要考虑一些条件,遵循一些构成原则,按照一定的程序才能有效地进行创业团队的组建。

1)创业团队的组建原则

创业者在组建创业团队时,必须明确以下原则。

(1)目标明确合理原则

目标明确才能使团队成员清楚认识到共同的奋斗方向是什么,目标合理才能使团队成员感受到奋斗的可行性,真正达到激励的目的。

(2)互补原则

创业团队成员合作的目的是弥补创业目标与自身能力之间的偏差。当团队成员彼此在知识、技能、经验等方面实现互补时,才有可能通过相互协作发挥出"1+1>2"的协同效应。

(3)精简高效原则

为减少创业期的组织运作成本、最大限度地分享成果,创业团队成员构成应在保证企业高效运作的前提下尽量精简。同时,创业者要把握统一指挥与分工协作的关系,既要防止出现多头领导、责任不清的现象,保证统一指挥和命令关系,又要在明确分工的基础上适当控制管理幅度,防止出现大包大揽的现象。

（4）动态开放原则

创业过程是一个充满了不确定性的过程,团队中可能因为能力、观念等多种原因不断有人离开,同时也有人要求加入。因此,在组建创业团队时,创业者应注意保持团队的动态性和开放性,使能力、观念等能够真正匹配的人员能进入创业团队。

（5）责、权、利统一原则

在创业团队中,各成员都应拥有与其角色相对应的权力,并对自己的行为造成的后果承担责任。同时,团队成员也应具有与完成该责任相对应的权力,创业者应使权力合理分配到每个团队成员手中。另外,在行使权力并履行责任后,团队成员应得到与其责任和权力对等的利益。责、权、利统一原则有利于组建成功后的团队能够长期、健康、稳定地发展。

（6）相对稳定原则

虽然创业团队在组建时要根据内外环境变化适当进行结构调整,但在调整时,应考虑保持团队的稳定性,避免频繁变更团队成员导致团队成员无所适从,造成团队人心不稳,业绩下降。相对稳定原则可以保证团队思维的连续性,有利于团队在前期成果的基础上不断开发出更多新的成果。

拓展阅读

组建创业团队应明确的问题

以下是创业团队最容易遇到的问题,在创业之初就需要在创业团队成员之间加以明确。

①我们该如何划分股份?

②公司如何做出决策?

③如果我们中有人离开了公司,应该怎样处理?

④创始人可以被解雇吗?

⑤我们在这次创业中的个人目标是什么?

⑥这是我们各自的主要事业吗?

⑦在我们的计划中,有哪些部分是我们各自不愿意改变的?

⑧我们是否需要与我们创立的公司签订某些合同?

⑨我们中需要有人向公司投入资金吗?

⑩我们以什么给自己发工资?

2）创业团队的组建程序

虽然,组建创业团队的具体程序可能会因为创业团队类型的不同出现细微差异,但仍可大致归纳为以下几个步骤。

（1）明确创业目标

创业者为了吸引合适的创业伙伴,组建创业团队,一方面,应明确自己的创业思路。另一方面,则必须将自己掌握的创业机会形成一定的创意,进而形成一个创业目标,也就是为组建创业团队而设立的目标。这样创业者才能使想要加入创业团队的人员对未来企业的发展目标有充分的了解,有利于促进团队成员之间的合作。

（2）制订创业计划

在确定了创业总目标及各个阶段性子目标之后,创业者要马上围绕如何实现这些目标制订周密的创业计划。创业计划是在对创业目标进行具体分解的基础上,从团队整体出发制订的计划。创业计划确定了在不同的创业阶段需要完成的阶段性任务以及实现的手段,其目的是通过逐步实现这些阶段性目标最终达成创业总目标。

（3）招募合适的团队成员

招募合适的团队成员是组建创业团队最关键的一步。关于创业团队成员的招募,主要应考虑以下几个方面。

①互补性。即考虑被招募人员能否与团队其他成员在能力、技术、经验上形成互补。这种互补的形成既能够有效加强团队成员间的合作,又能够保证整个团队的核心竞争力,从而使团队的作用在更大程度上得到发挥。通常来说,创业团队至少需要技术、管理和营销3个方面的人才,只有这3个方面的人才形成良好的沟通协作关系,创业团队才可能实现稳定高效。

②规模适度。适度的团队规模将成为保证团队高效运作的重要条件。如果团队成员过少,团队的功能和优势可能无法发挥。如果团队成员过多,又可能因为交流障碍导致团队内部分裂,从而削弱团队的向心力。一般认为,创业团队的规模控制为2～12人最佳。

③道德品质。创业者在选择创业团队成员时还应考虑对方的道德品质,与一个人的能力相比,其道德品质则显得更加重要。一个人的道德品质是能否与其合作的基础,也是决定这个人是否值得信任的前提。

（4）职权划分

创业团队应包括不同类型的成员负责新企业的各项事务,如有人负责企业决策,有人负责拓展市场,有人负责管理生产等。明确团队成员的职责定位,可以使创业团队形成合力,共同实现创业目标,同时,也可以避免因职责不明、权力分配不明确而引发的冲突。

在实际创业过程中,很多创业团队是基于亲戚、朋友的关系而组建起来的。在新企业创立初期,一般能够较好地团结在一起,共渡难关。但在新企业发展到一定阶段之后,这种团队往往会遇到权限不明、责任不清等问题,甚至可能因为企业进一步发展的目标不同而发生分歧,导致企业分裂。所以,与亲戚、朋友共同创业时,创业者要处理好权、责、利等方面的关系。

2.2.4　创业团队的作用

对于新企业来说,选择以创业团队形式为主导建立企业比选择以个人为主导建立企业更容易获得成功。某项针对 104 家高科技企业的研究报告显示,在年销售额达到 500 万美元以上的高速发展的企业中,以团队形式成立的企业占 83.3%,而在另外 73 家停止经营的企业中,以团队形式成立的企业仅占 53.8%。之所以出现上述结果,是因为创业过程往往是一个需要汇集众人力量的组织形成过程。企业科技含量越高,创业过程越复杂,越需要借助更多人的能力。创业团队成员的不同经历会对新企业,尤其是技术型新企业产生显著的影响,进而关系到新企业的长期生存状况。

具体来看,无论是新企业的发展潜力,还是其突破创始人的自有资本局限,以及从市场吸引资本的能力,都与企业管理团队的素质密不可分。组建团队的创业者与单打独斗的创业者相比,其创建企业的发展速度、规模、价值创造能力、利润分配能力、风险抵御能力都不可同日而语。创业团队的凝聚力、合作精神、立足长远目标的敬业精神都将有效地促进新企业的成长,使新企业在复杂环境中得以生存。同时,团队成员之间的协作互补以及与创业者之间的补充平衡,也起到了提升管理水平、降低运作风险的作用。一般来说,创业团队的作用体现在以下几个方面。

（1）团队约束力

创业团队成员可以互相监督,为实现团队的共同目标同心协力。这种互相约束的合力在实现创业目标方面的作用往往要大于每个创业团队成员自身能力的简单相加。

（2）优势互补

不同的创业者具有各自的资源和能力优势,能够促进创业活动的顺利开展。创业团队的各个成员之间能够相互协作,相互支持,实现能力互补,有助于创业的成功。在具体的创业运营过程中,团队成员能够发挥各自的优势,实现分工合作,使创业活动的每项工作任务都能拥有相应的职能支持。

因此,聚集一批志同道合、互补互助的创业团队成员,对创业者而言是成功创业的保障。大多数成功创业者之所以能取得创业的成功,最重要的原因是拥有一支强大的创业团队。

（3）精神支持

由于创业环境具有极大的不确定性,因此创业不是一件容易的事情,其过程十分艰难,在此过程中,创业者面临各种各样的风险,要承受巨大的精神压力。同时,创业者还要面对各方面的挑战与困难,需要有很大的勇气去解决遇到的每一个问题。创业团队成员之间能够相互鼓励,形成精神上的相互支持,才能进一步强化共同的创业目标,共同围绕创业目标努力奋斗。

2.3 创业团队管理

2.3.1 创业团队的优势和劣势

创业团队作为新企业的重要组织机体,会对企业带来多方面的影响。创业团队可以提高生产效率,促进企业发展,也会因为在团队管理上精力、时间的花费过多等给企业带来负面效应。总体来说,创业团队所具有的优势大于劣势,且创业团队的劣势能通过创业团队成员的共同努力加以解决。

1)创业团队的优势

①创业团队在组建过程中需要遵循的原则之一就是把技能和经验互补的成员组织到一起。这样不仅可以起到补充和平衡作用,使团队获得高于个人的机会识别能力、机会开发能力和机会利用能力,还可以使由此产生的创业团队整体的技能和经验超过团队中任何一个人的技能和经验,具有"1+1>2"的效果。这种更大范围内的技能和经验的组合使创业团队形成一种协同工作的整体优势,使创业团队能够应对多方面的挑战,如来自创新、质量和客户服务等方面的挑战。这种团队之间的相互配合可以减轻个人的工作负担,提高团队整体的工作效率。

②由于创业团队在形成共同奋斗目标和决策方法的过程中,伴随着形成能支持立即解决问题和提出倡议的交流方式,因此,创业团队对待变化中的事物和需求是灵活敏感的。也就是说,创业团队能用比个人更为快捷、准确和有效的方法打入大型组织的联系网,根据新的信息和挑战调整行为方式。

③创业团队能使团队的整体业绩成为对团队的最终激励,形成一种激励的自身循环。创业团队通过共同努力克服障碍,能够促进团队成员相互了解,对工作的意义进一步理解,并对队友的能力建立起信任和信心,进而激励团队共同追求更好的业绩,使创业团队价值深化。

④创业团队是由技能和经验互补的成员组成的,团队内各个成员基本都具有独当一面的素质和能力,这样一个创业团队就能够承担起大型、完整的任务。这不仅有利于目标任务更为顺利地完成,减少了不同细节负责人员之间沟通交流所需要的时间成本和精力成本,还有利于创业领导者对某一时期内某项任务进行管理。

2)创业团队的劣势

①创业团队中的每个成员都有与自己不同的思维和经历,每个人都有自己的创业构想和主张,如果团队成员的个性较强,在固执己见的同时,逃避自己看待问题的不足,就极易与

他人产生冲突,团队难以寻求问题的最佳解决方案。此外,有的团队成员会非常在意自己在团队中的地位,尤其是团队组建初期就已经加入的团队成员,他们往往很难接纳比自己更优秀的新成员加入团队。为避免这种状况的发生,创业者在组织团队和领导团队时,应具备高超的领导能力和协调能力。

②创业团队成员间利益分配的问题容易造成团队的分化和工作效率的低下。创业团队成员之间利益的分配问题是一个敏感、复杂却又至关重要的问题。当几个人一起创业时,股权的分配比例都是提前商定的,但即使是创业者们已达成的分配比例也可能会带来许多负面后果。例如,由于实际创业过程中团队成员间因为能力、动机、投入程度等方面的差异,对创业的贡献程度必然会与之前的设想存在差异,这种差异会影响一些创业者投入工作的积极程度,团队的整体力量难以充分发挥。此外,如果企业的权力高度集中在一个人手中,可能对成员工作积极性的激励不足,就会使整个团队无法发挥其应有的力量。

③创业团队成员之间互信问题带来的负面效应。团队成员间相互信任是创业团队形成和发挥正能量的基础,但是,互信往往要经过长期合作才能形成。如果创业团队成员间无法建立互信关系,就可能导致团队中出现不同小群体的聚集。而团队成员如果盲目互信,也可能给团队带来不可估计的后果。由此可见,在组建创业团队时,培养和发展团队成员之间的互信关系,对成员建立正常的互信关系进行监督和约束,避免由团队成员的不信任关系带来负面影响具有重要意义。

2.3.2　创业团队的管理

在创业团队组建成功后,最重要的就是进行创业团队的管理。良好的创业团队管理是新企业走向创业成功的基石。联想集团的创始人柳传志认为,管理的三要素是"建班子、定战略、带队伍"。虽然,创业团队存在一定的特殊性,但是,对它的管理重点依然逃不出对人的管理,也就是对人力资源的管理。

创业团队组建成功后,创业者首先要使创业团队的理念和目标与新企业的战略、目标和文化等一致。其次,在岗位评价分析和对团队成员深入了解的基础上,为团队成员安排相应职位,让团队成员根据不同的岗位要求发挥所长。再建立合理的绩效考评体系,对团队成员进行绩效评价、激励等工作。具体的创业团队管理工作主要包括以下几个方面。

1)创业团队精神的培养

只有团队成员对目标的认同凝聚在一起时,才能形成坚强的团队,激励团队成员团结奋进。因此,企业要有导向明确、科学合理的目标,把经营目标、战略、经营观念融入每个团队成员的头脑中,使之成为团队成员的共识。同时,创业者必须把创业目标进行分解,使每一个部门、每一个团队成员都知道自己应承担的责任和应做出的贡献,并把每一个部门、每一个团队成员的工作与团队总目标紧密结合在一起。

(1)共同的企业价值观的培养

企业价值观的内化,首先在于企业领导者要以身作则、言行一致,还要不断向员工灌输企业的价值观。其次,建立、健全和完善必要的规章制度,特别是相应的激励机制和约束机制,使员工既有价值观的导向,又有制度化的规范。

(2)领导者自身影响力的培养

领导者是组织的核心,一个富有魅力和威望的领导者自然会把全体员工紧紧地团结在自己的周围。领导者的威望不仅取决于其人格魅力、道德和思想修养,以及知识、经验、胆略、才干和能力,而且取决于其是否严于律己、率先垂范、以身作则,是否全身心地投入事业,更取决于其能否公平、公正地待人,能否与员工同甘共苦、同舟共济等。

经典案例

从唐僧师徒谈领导者魅力

《西游记》里的师徒4人历经磨难,实现了最终的目标。在我国四大名著中,《西游记》中的师徒4人是一个成功的团队。其根本原因是他们拥有一个好的领导者——唐僧。

唐僧的领导者魅力表现在以下几个方面。

1."没本事"

唐僧不过高评估自己,有自知之明,他不会用自己的短处来应对这个世界,这就是他的长处。领导者不需要专业技能特别优秀,但领导者要善于把最优秀的人集合起来,让他们为自己工作。

2.宽容

唐僧对自己的徒弟很宽容,特别是对最重要也是最有个性的孙悟空。

3.善于用人

一个团队需要个性化的成员共存,唐僧让每个下属都有施展的空间,很好地发挥了他3个徒弟的长处。

4.有远景目标

一位管理学家说过,用一句话来概括,领导就是为团队成员提供一个远景目标。唐僧对团队的目标坚定不移,信心坚定。

5.心态平和,不急功近利

唐僧遇到阻碍时不灰心,取得成绩时不沾沾自喜,始终保持良好的心态,一步一步接近自己的目标。这是领导者魅力的核心部分。一个领导者遇到的困难往往比任何一个下属遇到的困难都多,且困难更大。

6.对下属恩威并重

唐僧对每个徒弟都有恩情,但对他们从来都是赏罚分明。

7."有后台"

后台是一个领导者可以利用的资源,充分利用这个资源有利于团队目标的实现。例如,《西游记》多个故事中,关键时刻观音菩萨出手,帮助唐僧师徒实现目标。

8. 形象好

团队最主要的形象取决于领导者的形象,这个形象是外在和内在的结合。保持良好的形象是领导者必备的素质之一。

(3)激发参与热情

企业团队精神的形成有赖于员工的参与。员工只有全方位参与企业的经营管理活动,把个人的命运与企业的未来捆绑在一起,才会真心实意地关心企业的发展,才会与企业结成利益共同体和命运共同体。为了激发员工的参与热情,企业领导者可以请员工提出合理化建议,让员工参与管理,实施"从群众中来,到群众中去"的群众路线,让员工成为股东。企业通过合理的激励机制,即通过建立有效的物质激励体系,可以彻底摆脱员工给企业打短工的心理,使企业与员工之间形成荣辱与共、休戚相关的命运共同体。

(4)唤醒危机意识和忧患意识

危机意识和忧患意识是团队精神形成的外在客观条件。没有压力的企业是不存在的,每年世界 500 强排名的变化就说明了这一点。正如微软公司总裁比尔·盖茨曾说过:"我们的公司离破产只有 18 个月。"

(5)经常性的沟通和良好的协调

沟通主要是通过信息和思想上的交流达到认识一致的活动,协调是取得行动一致的活动,两者都是形成集体的必要条件。企业的各种例会、内部刊物、有线电视、内部联网、电话、文件传递、汇报总结、非正式接触等形式激活了组织上下、左右各个方向的信息流动,促进了团队沟通与协调的进行。

2)责、权、利统一的团队管理机制建立

创业者在组建创业团队时,应明确地对责、权、利进行分配,建立严格的企业管理制度。

(1)妥善处理各种权力和利益关系

①妥善处理创业团队内部的权力关系。在创业团队运行的过程中,创业者必须明确每个团队成员适合从事何种工作,并据此让该成员承担相应的责任,使其能力和责任的重复度达到最小,匹配度达到最高。

②妥善处理创业团队内部的利益关系。新企业的报酬体系不仅包括诸如股权、工资、奖金等物质报酬,还包括个人成长机会和提高相关技能等精神报酬。每个团队成员看重的利益并不一致,这取决于个人的价值观、奋斗目标和抱负。例如,有些人追求的是长远的资本收益,而有些人可能只关心短期收入和职业安全。

鉴于新企业薪酬体系的重要性,加之新企业资金有限,创业者要认真研究和设计整个企业生命周期的薪酬体系,使之具有吸引力,并使薪酬水平不受贡献水平的变化和人员增加的限制,即保证按贡献付酬,不因人员增加而降低报酬水平。

(2)制定严格的规章制度

规章制度是一个组织的底线,联想集团创始人柳传志曾经说过:"公司发展到今天,确实要有自己的行为准则了,我们要树立一面旗帜,非常鲜明地写清楚企业要干什么,什么是可以干的,什么是不可以干的,愿意跟着干的就站在旗下,不愿意干的就离得远一点儿。"

同样,对于创业团队而言,规章制度是非常重要的,如果没有明确的规章制度来规范团队成员的行为,没有规定哪些事是符合规定可以去做的,哪些事是明确禁止的,所有成员都随心所欲地做事,那么团队成员就难以向着同一个方向努力前进,甚至有的团队成员会为达到某种目的触犯法律。企业规章制度不可以生搬硬套,而应具有适度、人性化、弹性化等特点,并可根据实际情况灵活应变。

(3)进行适当的团队激励

每一位创业团队的管理者都希望自己的团队成员持续不断地向着既定的创业目标前进。马斯洛的需求层次理论存在两个基本假设前提:一是人类行为是由动机引起的,动机起源于人的需求;二是人的需要是以层次的形式出现的。这两个基本假设前提说明人的行为是受人的内在、不断变动的优势需求控制的,创业者要想激励团队成员,使其产生持久不断的工作热情,就要针对其不断变动的需求进行满足。

世界潜能激励大师安东尼·罗宾(Anthony Robbins)指出:"要想成功,你必须学会调动别人内心深处的积极性,让他们发挥潜能,你必须给他们的油箱加油。"因此,创业团队的领导者需要时刻留心观察,发掘不同团队成员内心深处隐藏的需求,选择合适的时机满足他们当前欲望的方式进行激励,从而不断地激发团队成员工作热情。

(4)施行合理的分权授权

现代创业团队的管理事务繁杂,涉及面广泛,创业团队的领导者会受到个人精力、知识、经验条件等多方面的限制,其所能够有效领导的下级团队的人数和范围是有一定限度的。如果创业团队的一切经营决策、组织指挥等事务都需要同一个领导者做决定,那么即便其能力再强也会感到难以胜任。为此,在创业团队的管理过程中,创业团队的领导者应注意有效管理的问题,将集权与分权进行有机结合,要有选择地、尽可能地授权给创业团队成员。合理的分权有利于创业团队成员根据实际情况迅速且正确地做出决策,也有利于创业团队的领导者摆脱日常繁杂的事务,集中精力解决重大问题。同时,合理的分权也可以调动团队成员工作的积极性和主动性。

3)创业团队风险规避

创业团队在组建的过程中总会遇到一些问题,可能尚未组建完成就四分五裂,也可能在组建完成初期夭折,或者陷于长期的分裂冲突与争权夺利中无法自拔。即便这些问题不会摧毁一个企业,也必定会严重损害其发展潜力,这就是所谓的创业团队溃散。当创业团队溃散达到一定程度时,它会成为创业的最大风险。

(1)创业团队的风险因素

创业团队的风险因素归纳起来通常有以下几种。

①过分追求民主,没有选出创业团队的领导者。

②创业团队盲目自信。

③团队成员中个别成员有畏惧心理。

④创业团队成员搭配不完全合理。

⑤创业团队过于相信他人。

⑥性格、个性、兴趣不合,导致磨合出现问题。

⑦团队成员之间缺乏共同的创业目标、利益、思路、纲领、规则等。

⑧有些团队成员的能力不适应企业发展的需要。

⑨没有明确的利润分配方案。

(2)风险因素的规避

从管理角度来讲,创业团队风险是系统性风险,是可以控制的。因此,在团队组建后,创业者要保持创业团队的稳定性,规避团队风险。风险因素的规避需要注意以下几点。

①创业团队要有一致的创业思路和共同的目标愿景,同时,要有自己的行动纲领和行为准则。团队成员认同团队将要努力的目标和方向。

②创业团队要有正确的理念,要坚信组织能够健康地发展下去,不要一开始就想着失败。

③创业团队要保证团队成员之间通畅的沟通渠道,进行持续地沟通。

④创业团队要及时协调立据。

⑤创业团队应以法律文本的形式确定一个清晰的利润分配方案。

模块 3
创业机会与创业资源

3.1 创业机会概述

3.1.1 创业机会的含义与特征

1)创业机会的含义

(1)机会

机会是指具有时间性的有利情况,是营造出对新产品、新服务或新业务需求有利的环境。

(2)商业机会

商业机会也称市场机会,是指能为企业获得某种盈利的,对消费者具有极大吸引力的,适时的市场活动空间。商业机会产生于市场中尚未被满足的需求,是实现某种商业盈利目的的突破口或切入点。

(3)创业机会

创业机会是适于创业的商业机会。商业机会一般分为两类:一类是昙花一现的商机,这是一般性的商机。另一类是能持续一段时间,且不需要较多起始投入的商机,这一类才是适合创业的商机,即创业机会。

2)创业机会的特征

(1)隐蔽性

生活中充满机会,机会每天都在撞击着我们的大门。可惜大多数人意识不到它的存在,这就是机会的隐蔽性,创业机会更是如此。

(2)偶然性

创业机会在大多数情况下是偶然发生的,尽管它普遍存在于人们身边的事物中,但人们并不容易捕捉到它。人们越是刻意地寻找创业机会,就越难见其踪影。创业机会虽然是偶然现象,却是客观事物必然性的表现。如果人们平时没有知识的积累、辛勤持久的探索,即使创业机会降临,也不过是一种偶然现象。

(3)易逝性

创业机会最显著的特征是易逝性。"机不可失,失不再来"就是对创业机会易逝性的最好说明。机会是一个非常态的、不确定的时间表现形式。虽然每天都可能会有创业机会出现,但同样的创业机会是不可能再来的。此外,由于创业机会往往是社会所共有的,人们都在寻找,先下手为强。在激烈的竞争中,只要稍一迟疑,创业机会就会被别人抢走。

（4）时代性

创业机会的时代性是指一定时代为各种创业机会打上的烙印和赋予其社会的、时期的色彩。社会色彩是指不同制度的社会对创业机会产生的影响。

经典案例

一张广告单引发的创业机会

一天，家住深圳市的李江被一张贴到自家门上的广告单吸引住了，这是一家私营送菜公司招揽客户的宣传单。读着读着，李江有些心动，想着深圳人忙着赚钱，家庭成员简单，没有时间采购蔬菜调理自己的饮食生活。这种按主人要求送菜上门的服务，投入小，利润不薄，可操作性较强。

李江觉得这是一个很好的商机，便坐车来到当地的农产品批发市场找到一个卖菜的老乡，请教蔬菜配送的相关经验。经过老乡指点，李江认定下游环节进入容易，只需要少量进货，便可开业。

3个月后，李江掏出所有积蓄注册了自己的蔬菜配送公司。公司成立后的第一件大事，就是开发客户。李江带着10名员工，手持公司的宣传单，在市区繁华的街市派发传单。几周后，终于有了几十家住户下了订单，公司正式运营。公司对客户的承诺是：上午10点准时将客户指定的菜送到主人家中。为了赶点，李江和员工深夜两点就要起床，先到批发市场批发菜，然后整理、清洗、分类、打包，最后安排员工骑单车出发……一趟菜送下来，员工尚可喘口气，李江却没有休息的工夫，他还得算账、盘存、接听客户电话。

终于，公司在经营7个月后积累了不少客户，李江赚回了投资成本。虽然辛苦，但李江有了属于自己的事业。

3.1.2　创业机会的来源

机会无处不在，好的创业机会是企业成功的核心。创业机会的来源很多，主要可以归纳为以下3个方面。

1）技术变革

技术变革是创业机会最重要的来源。技术变革改变了社会面貌。技术变革以高科技手段大大提高了人们的办事效率，改变了人们日常的行为方式，制造了许多空白的市场空间，使创业成为可能。

2）社会与人口变化

社会与人口变化改变了人们对产品和服务的需求。人们会在新的生活水平上提出新的要求,需求的变化需要新的产品或新的服务来满足,创业者通过生产和销售顾客喜欢的产品和服务能够获得盈利的机会。因此,需求的变化可以创造新的创业机会。

3）产业结构调整

为了加快转变经济发展方式,推动产业结构调整和优化升级,完善和发展现代产业体系,2023年12月1日,经国家发展改革委第六次委务会通过《产业结构调整指导目录（2024年本）》。国家这些战略性产业政策的实施,有利于符合这一政策的行业发展,尤其是新能源、节能环保、高端技术服务等领域,支持这些行业中具有自主创新能力、发展潜力的新企业的成长。

3.1.3 创业机会的分类

1）根据事物产生、发展及改变的过程分类

根据事物产生、发展、改变的过程,创业机会可以分为问题型机会、趋势型机会和组合型机会。

（1）问题型机会

问题型机会是由现实中存在的未被解决的问题产生的创业机会。创业的根本目的是满足顾客需求,而顾客需求在满足之前就是问题。寻找创业机会的一个重要途径是善于发现和体会自己与他人在需求方面的问题或生活中的难处。例如,上海一位大学毕业生发现远在郊区的本校师生交通往返十分不便,于是创办了一家客运公司,把问题转化为创业的机会。

（2）趋势型机会

趋势型机会就是在变化中看到未来的发展方向,预测到的将来的潜力和创业机会。趋势型机会考虑问题的实际时间相对长远一些,主要关注大市场环境的变化,以及市场需求、市场结构的变化。大市场环境变化主要来自产业结构的变动、消费结构的调整、城市化的加速、人口思想观念的变化、政府政策的变化、人口结构的变化、居民收入水平的变化、全球化趋势等方面。例如,围绕城市化、老龄化这两个未来发展的大趋势必然引发住房、教育、医疗、养老等方面的需求。

（3）组合型机会

组合型机会就是将现有的两项以上的技术、产品、服务等因素组合起来,以实现新的用途和价值获得的创业机会。创业者可以通过优化产品的方法来降低成本或形成竞争力,或利用已有的用户群。例如,腾讯公司利用已有的庞大用户群对它的依赖性获得利润,这样的机会也存在于优化资源配置当中。

经典案例

芭比娃娃系列产品

芭比娃娃于 1959 年 3 月 9 日举办的美国国际玩具展览会(American International Toy Fair)上首次曝光后就成为 20 世纪最广为人知和最畅销的玩偶之一。如今,芭比娃娃已销往世界上 100 多个国家和地区。该产品也被拍成了一系列影视作品,生产了很多相关产品,还被改编成了一系列小游戏。

2)根据市场分类

根据市场,创业机会可分为识别型机会、发现型机会和创造型机会。

(1)识别型机会

识别型机会是指通过已有技术和已知需求为供给方创造的创业机会。例如,一些婚恋类网站利用庞大的人口基数和现代人找伴侣难的契机,结合科学的心理分析,将生活背景、兴趣爱好、性格气质、学历知识水平、价值观接近甚至相同的人搭配在一起,提高配对率。

经典案例

壹号土猪

2012 年 3 月 23 日,"广东十大新闻人物"举行颁奖典礼。"壹号土猪"创始人暨广东壹号食品股份有限公司董事长陈生获此殊荣。陈生以"研究生卖猪肉"打响了"壹号土猪"的名声,建立了国内首家"屠夫学校",专营店增长速度处于全国领先地位。2012 年,广东"壹号土猪"引入风投,估值达 40 亿元。

北大经济系高才生陈生以"劣币驱逐良币"的理论分析当时的猪肉市场格局。陈生说:"自由市场竞争下,好猪肉都被劣质品替代,鱼龙混杂。"2006 年,陈生在广东做了大量实地调研,结果显示,广州土猪猪肉仅占 1%,湛江市占 30%,县城占 50%,而乡镇一级则几乎是 100%。

他意识到机会来了。2005 年年底,他开始涉足养殖业,准备卖猪肉。为了了解行情,戴着眼镜,书生气十足的陈生操刀剁排骨、卖猪肉,引来不少顾客诧异的目光。连跟着他养过鸡、做过饮料的高管们也委婉地劝他做一点儿"城里人熟悉的事"。但这一切并没有改变这位理想主义青年。陈生回到湛江老家,果断撤了鸡栏,开始投建猪舍,先后投入几百万元买了 2000 头猪。

为提高猪的成活率,陈生转向"公司+农户"模式。公司先租农民土地集中建猪舍,再以承包方式交给农民,成活率迅速达到 98%。当时土猪瘦肉售价 67.6 元/千克,依然火爆。接着，陈生的"壹号土猪"在广州开了超过 100 家连锁店。

随着连锁店数量的增加，陈生必须解决团队中一线员工不足的问题。2009 年，陈生在广州创立了"屠夫学校"。为给自己培养一支高素质的团队，陈生构建了"生产+终端+团队培训+研发"的一套完整的商业模式。凭借独一无二的运作方式，陈生率先在广东市场打响了"壹号土猪"的品牌。

（2）发现型机会

在市场中，常常会出现一些似是而非的现象，看上去似乎没有什么潜力或潜力很低的机会却最有可能变成一个很好的商业机会。发现型机会需要创业者善于挖掘，并将挖掘到的机会加以组合。这样既可以将新的技术引入相应的领域，又可以使本企业的业务与其他行业相互融合。如阿里巴巴将网络平台与商务交易融合起来，成为一种新的商业机会。

（3）创造型机会

创造型机会是指通过技术创新为人们带来方便的创业机会，如微软的核心竞争力在于别人短时间内无法超越的技术。创造型机会可以在需求中寻找，根据需求来创新技术。例如，原来的制造业，整个产业链的技术水平不高，主要靠廉价的劳动力成本来抢占市场，随着劳动力成本的逐渐上升，要想保持持续的竞争力，唯一的方法就是提高附加值，即通过产业升级、技术创新生产出高附加值的产品。

通过创造获得机会的方法在新技术行业中最为常见，它可能开始于满足市场需求，从而积极探索相应的新技术和新知识；也可能始于一项新技术发明，进而积极探索新技术的商业价值。通过创造获得机会比其他任何方式的难度都大，风险也更高。如果能够成功，其回报率将会非常高。在这种情况下产生的创新将居于压倒性的主导地位。

3）根据市场需求和资源能力分类

市场需求可能是已识别的（已知的）或未能识别的（未知的），资源能力可能是确定的或未确定的。市场需求与资源能力的关系如图 3.1 所示。市场需求表示存在的问题，资源能力表示解决问题的方法。研究表明，创业机会的类型可能影响开发的过程和创业的成败。根据市场需求和资源能力，创业机会可以分为以下 4 类。

（1）机会类型 1

市场需求未得到识别且资源能力不确定（问题及其解决方法都未知），其表现的是艺术家、设计师和发明家的创造性，他们感兴趣的是将知识的发展推向一个新方向和使技术突破现有限制。

（2）机会类型 2

市场需求已识别但资源能力不确定（问题已知但其解决方法仍未知），描述了有条理地收集信息并解决问题的情况。在这种情况下，机会开发的目标往往是设计一个具体的产品或服务以适应市场的需求。

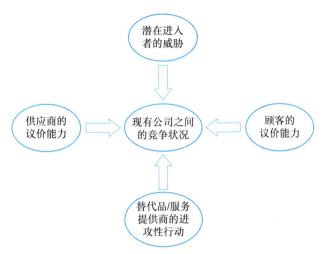

图 3.1　市场需求与资源能力的关系

（3）机会类型 3

市场需求未得到识别但资源能力确定（问题未知但可获得解决方法），包括人们常说的"技术转移"的挑战，如寻找应用领域和闲置的生产能力。这里的机会开发更多强调的是寻找应用的领域，而不是产品或服务的开发。

（4）机会类型 4

市场需求已识别且资源能力已确定（问题及其解决方法都已知），这里的机会开发是将市场需求与现有的资源匹配起来，形成可以创造并传递价值的新企业。

经典案例

Levi's 的创业神话

世界上第一条牛仔裤的诞生，并非为了时髦，也不是要表现时装设计的新颖观念，它原本是 100 多年前，美国加州的一名裁缝为矿工所缝制的帆布裤。

1848 年 1 月，有人在加州东北部的苏特坊发现黄金后，消息很快就被传开了。同年 8 月，加州发现金矿的消息传到了纽约，许多怀着一夜致富梦想的人开始涌入旧金山港口。1849 年起，加州淘金潮真正展开，从美国各地和其他国家搭船或是从内陆来到加州想要实现淘金梦的人络绎不绝。船上的旅客、水手甚至船长下了船立马前往苏特坊。当时，旧金山港口的帆船到处可见，市区人口暴增。

1853 年，犹太青年商人李维·施特劳斯东拼西凑地筹了一笔钱，买了一大捆帆布带去旧金山，准备卖给淘金的矿工，供制作帐篷或马车篷之用。"假如有一条非常耐穿的裤子，那该多好啊！"有一次，李维·施特劳斯在街边卖帆布时，听到一名矿工这么说。他灵机一动，试着做了一批低腰、直筒、臀围紧小的帆布裤子，将它们卖给旧金山的淘金工人。由于这种裤子比棉布裤更结实耐磨，因此大受欢迎。于是，李维·施特劳斯索性开了一家专门生产帆布工装裤的公司,并以自己的名字"Levi's"作为品牌名称。Levi's 的创业神话由此开始。

Levi's 牛仔裤如今已成为时装发展史上最成功、知名度最高和被模仿最多的产品之一,缔造了时装界创新与经典的不朽传奇。

3.2 创业机会识别与评估

3.2.1 创业机会的识别

在成功创业的路上,如何识别创业机会是创业者首先要解决的问题。好的创业机会,必然具有特定的市场定位,专注于满足客户需求,同时能为客户带来增值的效果。创业需要机会,机会要靠发现,想要寻找到合适的创业机会,创业者应识别以下几种不同的创业机会。

1)现有市场机会与潜在市场机会

现有市场机会是市场机会中那些明显未被满足的市场需求,往往发现者多,进入者也多,竞争势必激烈。潜在市场机会是那些隐藏在现有需求背后的、未被满足的市场需求,其不易被发现,识别难度大,往往蕴藏着极大的商机。

2)行业市场机会与边缘市场机会

行业市场机会是指在某一个行业内的市场机会,发现和识别的难度系数较小,但竞争激烈,成功的概率低。边缘市场机会是在不同行业之间的交叉结合部分出现的市场机会,处于行业与行业之间出现"夹缝"的真空地带,其难以发现,需要有丰富的想象力和大胆的开拓精神,一旦开发,成功的概率较高。

3)目前市场机会与未来市场机会

目前市场机会是指那些在目前的环境变化中出现的机会。未来市场机会是指通过市场研究和预测分析,认为它将在未来某一时期内出现的市场机会。如果创业者提前预测到某种机会能够出现,就可以在这种市场机会到来前早做准备,从而获得领先优势。

4)全面市场机会与局部市场机会

全面市场机会是指在大范围市场出现的未被满足的需求。局部市场机会则是指在局部范围或细分市场出现的未被满足的需求。在大市场中寻找和发掘局部或细分市场机会,创业者就可以集中优势资源投入目标市场,有利于增强主动性,减少盲目性,增加成功的可能。

拓展阅读

识别创业机会的方法

1. 新眼光调查

新眼光调查注重二级调查,阅读书籍、利用网络搜索数据,浏览包含读者所需信息的报纸文章等都是二级调查形式。

2. 通过市场调研发现机会

人们可以从企业的宏观环境(政治、法律、技术、人口等)和微观环境(客户、竞争对手、供应商等)的变化中发现机会。借助市场调研,从环境变化中发现机会,这是发现机会的一般规律。

3. 通过问题分析和客户建议发现问题

问题分析要从一开始就找出个人或组织的需求以及他们面临的问题,这些需求和问题可能很明确,也可能很隐蔽。

问题分析需要全面了解客户的需求,以及可能用来满足这些需求的手段。一个新的机会可能会由客户识别出来,因为他们知道自己究竟需要什么。客户会提出一些诸如"如果那样的话不是会很棒吗"这样的非正式建议,留意客户的这些建议有助于发现创业机会。

4. 通过创造获得机会

这种方法在新技术行业中最为常见,它可能始于明确满足的市场需求,从而积极探索相应的新技术和新知识,也可能始于一项新技术发明,进而积极探索新技术的商业价值。通过创造获得机会,比其他任何方式的难度都大,风险也更高。同时,如果能够成功,其回报也更大。

3.2.2　创业机会的评估

不是每个创业机会都会给创业者带来好处,每个创业机会都存在一定的风险,因此,创业者在利用创业机会之前要对创业机会进行分析与评价,然后做出选择。

1)创业机会的评估标准

对创业机会的评估主要基于以下 9 个标准。

(1)盈利时间

有价值的创业机会可能是项目在两年内盈亏平衡或者取得正现金流。如果取得盈亏平衡和正现金流的时间超过 3 年,那么对于创业者的要求就高了,因为大多数创业者支撑不了这么长时间,其他投资者和合作伙伴也没有长时间的耐心,这种创业机会的吸引力就大大降低了。除非有其他方面的重大利好,一般要求创业机会具有较短的获得盈利的时间。

（2）市场规模和价值

如果市场规模和价值小，往往不足以支撑企业的长期发展。创业者如果进入一个市场规模巨大且还在不断发展的市场，即使只占有很小的份额，也能够生存下来度过发展期。即使存在竞争对手也不用担心，因为市场足够大，竞争对手对自己构不成威胁。一般来说，市场规模和价值越大，创业机会越有价值。

（3）资金需要量

大多数具有较大潜力的创业机会需要大数额的资金来启动，只需要少量资金或者不需要资金的创业机会是极为罕见的。如果需要过多的资金，这样的创业机会就缺乏吸引力。具有较少或者中等程度资金需要量的创业机会是比较有价值的，创业者应根据自身的资金实力和可以动用的资源来评估创业机会，对超出自己能力范围的不应考虑。

（4）投资收益

创业的目标是要获得收益，这要求创业机会能够具有合理的盈利能力，包括较高的毛利率和市场增长率。毛利率高说明创业项目的获利能力强，市场增长率表明市场的发展潜力能使投资的回报增加。如果每年的投资收益率能够维持在 25% 以上，这样的创业机会是很有价值的；如果每年的投资收益率低于 15%，是不能对创业者和投资者产生很大的吸引力的。

（5）成本结构

竞争优势的来源之一是成本。较低的成本会给创业企业带来较大的竞争优势，该创业机会的价值较高。创业企业靠规模达到低成本是比较可行的，低成本的优势大多来自技术和工艺的改进以及管理的优化。如果创业机会有这方面的特质，对于创业者来说是非常有利的。

（6）进入障碍

如果创业机会面临进入市场的障碍，就不是一个好的创业机会。如存在资源的限制、政策的限制、市场的准入控制等，这些都可能成为市场进入的障碍，削弱了创业机会。但是，对于进入障碍要进行辩证分析。进入障碍的大小是针对创业者自身情况而言的。如果创业者进入以后，不能够阻止其他企业进入市场，也不是一个好的创业机会。

（7）退出机制

有吸引力的创业机会应该有比较理想的获利机制和退出机制，便于创业者和投资者获取资金，实现收益。没有任何退出机制的创业企业和创业机会是没有太大吸引力的。

（8）控制程度

如果能够对渠道、成本或者价格有较强的控制，这样的创业机会比较有价值。如果市场上不存在强有力的竞争对手，自己的控制程度就比较大。如果竞争对手已有较强的控制能力，如掌握了原材料来源、独占了销售渠道、取得了较大的市场份额、对于价格有较大的决定权，那么，新企业的发展空间就很小。除非这个市场的容量足够大，而且主要竞争者在创新方面行动迟缓或者时常损害客户的利益。

（9）致命缺陷

创业机会不应该有致命的缺陷，如果创业机会有一个或者多个致命的缺陷，创业机会将没有价值。

2）评估创业机会价值的方法

（1）定性方法

定性分析侧重考虑：确定该市场机会成功所需要的条件，分析自身在该市场机会中所拥有的优势，创业者所拥有的竞争优势与期望的发展方向和目标是否一致。

（2）定量方法

定量分析主要是商业分析中的经济效益分析，其任务是在初步拟定营销规划的基础上，从财务方面进一步判断选定的机会是否符合创业目标，一般通过量、本、利分析法进行分析。

①市场需求量的预测。市场需求量的预测是进行经济效益分析的基础。市场需求量的预测可以运用一定的数学方法进行，主要方法有趋势预测法、因果预测分析法、市场调查分析法、判断分析法等。

②成本分析。成本分析主要研究利用该机会所需付出的代价。应从投资成本、生产成本、营销成本 3 个方面进行分析，可以采用专门的成本预测方法，如直线回归法、趋势预测法等。

③利润分析。利润分析是在市场需求量、成本预测的基础上进行利润预算。一般可以采用损益平衡模型、现金流量模型、简单市场营销组合模型、投资收益率等分析方法。

（3）阶段性决策方法

阶段性决策方法明确要求创业者在机会开发的每个阶段都要进行机会评价。一个机会是否能够通过每个阶段预先设置的通过门槛，在很大程度上取决于创业者经常面对的约束或限制，如创业者的目标回报率、风险偏好、金融资源、个人责任心和个人目标等。

一个不能成功通过某一阶段的评价门槛进入下一阶段的机会，将被修订甚至被放弃。因此，通过循环反复的"识别—评价—开发"步骤，一个最初的商业概念或创意就会逐步完善起来。

 # 3.3 创业模式选择

3.3.1 创业模式的概念

不同创业模式要求创业者的素质不同，准确判断自己的优势和劣势，选择适合自己的创业模式,可以化解很多的不利因素。创业者在创业过程中,根据自身特点和现实情况,合理选择适合自身的创业模式,对创业取得成功至关重要。在创业之前,创业者首先要对各类创业模式有初步的了解。

创业模式是指创业者在既定的外部发展条件和行业基础上,结合自身的创业理想与权益,对各种创业要素进行合理配置和选择的过程。从宏观角度来看,创业模式是对创业动机、创业方向、团队需求等要素进行选择的过程。创业模式主要包括创业的组织形式、创业的方式确定和创业的行业选择等。从微观表现来看,创业模式主要体现在对创业者所要求的创业能力和外部资源的有效利用两个维度。高职生创业模式是特指高职生创业者在创业过程中,为实现自身的创业理想与愿景,合理搭配各种创业要素的方式和整合过程。

3.3.2 创业模式的种类

1)积累演进模式

成功是积攒出来的,积累就是让大家从小生意做起、从基础做起,在创业的过程中学习积累,把自己的知识和经验像滚雪球一样逐渐滚大,由量变引起质变,最后成就一番事业。年轻没有失败,高职生的资本就是年轻。较低的门槛会使高职生走很长一段弯路,经历很多挫折和失败,其间也会有很多机会和陷阱。这也意味着,必须付出代价,付出更多的努力,交更多的"学费",承受更多的孤独,遭受更多的误解。

2)依附式创业模式

高职生如果以未来自主创业为目的就业,首先要做出正确的选择。充分利用公司或企业的平台资源,广泛结交和积累人脉资源与其他资源。就算比较成熟也不要盲目地、急迫地脱离这个平台。尝试利用现有的平台资源为自己做事,先在职创业,有了自己的事业基础,等各方面条件充分成熟以后,再开创自己的事业。

与个人创业相比,连锁加盟能够为高职生创业者提供已有的品牌、规范的运营模式、健全的市场机制等一系列成熟的经营模式。其分享品牌资源、分享经营诀窍、分享资源支持的特点为高职生创业者省去诸多创业烦恼,提高了创业成功的概率。

3)知识风险模式

知识风险模式就是高职生将自己拥有的专长或技术发明转化为直接生产力,通过"知本+资本"的方式发展成企业。"知本"是指高职生创业者具备某一专业、技术特长,或成功研制的一项新产品、新工艺。"资本"是指投资者的风险投资。资本助力成功,知识型创业模式主要集中在电子信息、生物技术、高科技农业等技术含量高、知识密集型的行业。

4)模拟孵化模式

利用各种商业创业大赛,获得资金提供平台,如 Yahoo,Netscape 等企业都是从商业竞赛中脱颖而出的,模拟孵化模式也被形象地称为创业孵化器。通过这个平台,准创业者可以熟悉创业程序、储备创业知识和经验,接触和了解社会。创业孵化器具备创业的良好物理空间和服务体系,是高职生自主创业的沃土。

5)概念创业模式

凭借创意、点子、想法创业。当然,这些创业概念必须标新立异,至少在打算进入的行业或领域是个创举。只有这样,才能抢占市场先机,吸引风险投资商的眼球。同时,这些超常规的想法必须具有可操作性,而非天方夜谭。

6)团队创业模式

具有互补性或者具有共同兴趣的成员组成团队进行创业。如今,创业已非纯粹追求个人英雄主义的行为,团队创业成功的概率远高于个人独自创业。一个由研发、技术、市场融资等方面人才组成的、优势互补的创业团队,是创业成功的法宝,对于高科技创业企业来说更是如此。

7)网络创业模式

随着网络在我国的飞速发展以及网络经济的迅速崛起,网络经济蕴含的巨大商机和良好的发展前景使网络创业成为时代的宠儿。网络创业主要有两种形式:网上开店,在网上注册成立网络商店;网上加盟,以某个电子商务网站门店的形式经营,利用母体网站的货源和销售渠道。

3.3.3　制约高职生创业模式选择的因素

我国高职生创业起步较晚,在选择创业模式时受到诸多因素的影响。比如,创业模式较少,创业模式的选择具有同一性,缺乏创业模式的创新性等。制约我国高职生创业模式选择的因素主要体现在以下4个方面。

1)创业模式的选择受自身思维和眼界的制约

创业既是复杂的,又是灵活的,创业模式的选择是一个需要有创新思维和行业预见性的活动。高职生作为一个特殊的创业群体,虽然有较高的文化和专业素养,充满活力,富有挑战性,具有较强的创新意识,但缺乏社会经验,闯劲有余,行业预见性较差,这往往会制约高职生创业模式的选择。

2)创业模式的选择受到资金的制约

创业不是仅凭热情、知识、能力就能完成的社会实践活动,创业还需要有一定的物质基础作为支撑。高职生筹集创业资金的渠道较为有限,主要是个人积蓄、小额贷款和风险投资。高职生刚跨出校门,几乎没有资金积累。政府对大学毕业生申请小额贷款支持力度不大,条件限制、审批环节过多,可操作性不强。风险投资对个人专业素养要求高,金融专业的学生具有一定优势,其他专业的学生对风险投资缺乏了解,往往会选择放弃。这些因素在一定程度上限制了高职生创业模式的选择。

3）创业模式的选择受个人教育背景的制约

高职生在创业与就业的时候会受到学校背景、专业背景的影响。一些重点高校,学术研究能力强、实力强、品牌效益高,甚至还有创业园区,为高职生创业提供了良好的创业环境,尤其是理工科专业的学生,在创业过程中会得到学校提供的技术、人力等多方面的帮助。这些学生在创业的时候能够正确选择创业模式。而普通院校的学生,由于学校名不见经传,实力薄弱,他们很难从学校得到援助,创业举步维艰。

4）创业模式的选择受到区域的制约

我国地域辽阔,各地区的经济发展不平衡、水平差异较大,这在一定程度上影响了不同区域高职生对创业模式的选择。东中西部地区的经济水平、政策支持等方面具有差异。东部地区的高职生在创业模式的选择上占有优势,一般选择技术风险模式与知识风险模式等;中西部地区的高职生可以选择的创业模式有限,一般选择积累演进模式与依附式创业模式。

拓展阅读

新时代的高职生创业模式

在政策与市场的双重驱动下,高职生创业成为时代的潮流,其创业模式越来越丰富。信息时代高职生的创业模式主要有以下6种。

1. 兼职式创业模式

兼职创业是指高职生在学校学习期间不中断自己的学业,通过课外时间从事创业活动的一种创业模式。在信息技术的环境下,孕育了许多电子商务的商机,高职生可以利用这个模式在网上开店。例如,高职生利用课余时间,在淘宝网站开设自己的店铺,既不需要投入大量的资金,又不需要较高的技术门槛,并且与学业无直接冲突。这种创业模式风险低,投入少,不仅不影响学习,反而可以为学习提供实践经验,容易得到家长的支持和认同。

2. 加盟连锁式创业模式

加盟连锁的创业模式主要是指高职生通过获得公司特许经营权,在某个地区或区域为该公司代理进行销售或提供服务的一种创业模式。高职生需要事先投入一笔资金以获得该项代理权,自行组织管理,招聘员工,自负盈亏。例如,快递行业发展迅速,高职生可以通过与快递公司签订合同,获得一个或几个快递公司在自己所在高校的经营权。在经营管理方面,要完全按照总公司的要求统一管理,这样才能最大程度地享受大公司带来的品牌效应。学生无须考虑该公司品牌的推广和建设,只需要负责把大学这个区域的包裹准确、及时配送到位即可。但该模式缺乏创新性,不利于高职生打开创业空间。

3. 创意与专业结合的创业模式

由于高职生所学专业和所处创业环境的不同,在创业实践中出现了创意与专业结合的创业模式。这类高职生微营销创业者从自身专业出发,利用微营销的"虚拟"与"现实"的互动,建立更高效的营销全链条,将线上的顾客引流到线下服务。与一般的实体店运营方式不同,他们卖的是创意,是技术,利用自身专业创造盈利点。比如,计算机专业的学生利用微营销承揽网上商城的网页设计工作,摄影专业的学生利用微营销承担小型活动摄像、婚庆摄影业务等。

4. 社会资源网络协同创业模式

这类微营销创业模式往往有一群志同道合的高职生创业团队,他们因为不同的创业需要走到一起,通过社交平台寻求社会资源,获得社会人士的资助,各取所需,资源共享,共同创业。例如,创业高职生基于自身的校园人脉成立高职生校园兼职俱乐部,通过微信、微博等社交平台发展会员,管理会员,有组织、有计划地向企业输送兼职学生,获得企业支付的佣金。除此之外,高职生创业者还将这种模式运用到学生旅游市场上,作为旅游公司的校园代理,他们借助朋友圈的影响力为旅游公司开拓校园市场,寻找更多的消费群体。

5. 微平台微创业模式

这类微营销创业模式借助微平台宣传,也是高职生微营销创业中最为常见的模式。他们拥有自己的微店 App,通过微信、微博等社交平台进行宣传。不同于淘宝、京东等传统门户式购物方式,微店上的商品信息可以直接转发到微信、QQ 上,让大家能够更直观地看到所销售的产品,让更多的人关注它。微平台微创业模式强调的是粉丝经济,通过不断增加粉丝数量来扩大产品的销售规模。

6. 传统企业"微"改造型创业模式

这类微营销创业模式建立在高职生原有实体店的基础上,属于后天"微"改造型。他们在最开始并没有接触微营销宣传,而是在项目运营过程中认识到微营销创业的优势,逐渐开始利用微营销为实体店宣传造势,将线上顾客引流到线下实体店。以餐饮业为例,高职生创业者放弃传统发单宣传,改为高精准、低成本的微营销宣传方式,他们借助朋友圈发布产品信息,进行产品促销,倡导顾客网上订餐、网上支付。

3.4　创业资源概述

创业资源是创业者开展创业活动的基础,是新企业所拥有的或者所能够支配的为了实现企业生存与发展战略目标,在创业过程中先后投入与利用的内外部各种有形与无形资源的总和。没有创业资源的支撑,即使创业者有再好的外部创业机会也无法开展创业活动。从企业创业初始到企业退出市场,创业资源的整合与获取伴随着整个创业过程,并对创业过程的展开产生重要的影响。

3.4.1　创业资源的特征

相对于既有企业,新企业的创业资源不仅具有资源的一般特性,而且具有其自身的一些特征,主要包括以下 3 个方面。

1)创业资源的稀缺性更高

创业资源的稀缺性包括两个方面的含义:一是创业资源相对于创业者的创业需求而言是稀缺的,不是说这种资源不可再生或可以耗尽,而是指这样一个普遍的现象,即在给定的时间段内,与创业活动对创业资源的需求相比,其供给量相对不足。二是新企业所拥有的与所需要的资源结构往往是不平衡的。

既有企业是由新企业逐步成长和发展起来的,伴随着企业的发展,既有企业往往会开发出较多的资源,这种开发过程奠定的基础往往使既有企业更容易获得外界的资源,而新企业则没有既有企业那样的资源开发的积淀。因此,新企业比既有企业获取外界资源的难度更高。在一定的时空范围内,新企业资源的充裕程度、资源结构平衡程度等都将影响新企业的规模、形式、路径的选择及创业绩效。实际上,成功的创业过程也是创业资源总量逐渐丰盈、创业结构逐渐合理的过程。

2)创业资源的外部依赖性更强

新企业创业资源稀缺,意味着新企业直接控制的内部资源不足。同时,相对于既有企业的管理者,创业者往往还缺乏与企业运作相关的知识、经验和能力。因此,新企业往往存在资源稀缺和部分资源利用不充分的双重矛盾,而利用外部资源既能够解决创业资源的稀缺问题,又能够解决部分资源利用不充分导致的资源结构不平衡的问题,大大减少了新企业的风险与成本。例如,许多创业者在创业过程中特别注意学习先进的管理经验,吸引既有企业的优秀管理人才加盟创业团队,快速提升创业绩效,有效规避创业风险。

新企业利用外界资源的根本目的是解决创业资源的匮乏问题,而既有企业利用外界资源可能更多是从扩张、竞争战略等方面考虑。因此,在日趋动态多变的商业环境下,创业者如何创造性地获取和利用外部创业资源,对于新企业的生存与发展来讲显得越来越重要。

3)创业资源的个性化特征更明显

任何企业都被深深地打上了其缔造者的烙印,只不过新企业的个人特征更为明显。与既有企业相比,新企业的各种生产要素往往与创业者自身的社会网络联系在一起。例如,新企业中重要的人力资源往往是创业者的家庭或相关群体的成员,新企业的创业资金往往来自创业者自身或亲朋好友等相关群体。

3.4.2 创业资源的分类

根据创业资源的内容、控制主体、形态和利用方式等,创业资源可分为不同的类型。

1)按内容分类

按内容对创业资源进行分类有利于区分不同创业资源的性质和作用。从内容方面看,创业资源可以分为人力资源、信息资源、财务资源、实物资源、技术资源和组织资源。对于一般的创业者而言,成功的创业活动离不开这些资源。

（1）人力资源

人力资源是开创事业的基础,包括创业者与创业团队的知识、经验、判断力、技能等,还包括创业者本身的人际关系网络。其中,创业者自身的洞察力和领导能力是核心资源,直接决定了创业者能否洞察合适的创业机会,能否领导其他团队成员有效采取创业行动。

人力资源大致可分为 3 类,即智力资源、声誉资源和社会网络。

①智力资源。智力资源不仅包括企业员工的学历、经验和技能,而且包括员工的学习能力、创新精神和对变革的适应能力。企业员工的创新精神与主动变革能力,往往比企业员工的学历更为重要。

②声誉资源。声誉资源是指市场环境中的人群对于企业及其产品的综合评价。对于新企业来说,声誉资源十分重要。企业的声誉往往是通过企业的产品和服务的质量、从业人员的工作水平和工作态度、对消费者的服务态度和社会承诺履行程度等方面积累起来的。

③社会网络。社会网络是指社会成员之间因互动形成的相对稳定的关系体系。社会网络关注的是人们之间的互动和联系,社会互动会影响人们的社会行为。社会网络作为一种重要的社会资本,同经济资本一样属于重要的创业资源。事实证明,世界各国创业团队的社会网络对其创业活动开展的路径、方式和绩效都有重大的影响。

（2）信息资源

信息资源是企业生产和管理过程中涉及的一切文件、资料、图表和数据等信息的总称。信息资源涉及企业生产和经营活动过程所产生、获取、处理、存储、传输和使用的一切信息,贯穿新企业管理的全过程。由于市场竞争十分激烈,对于新企业来说,更加需要丰富、及时、准确的信息,以争取到更多的资源。当创业者比其他竞争者掌握更多的资源时,就能够获得更多的创业机会。

（3）财务资源

财务资源是创业所需要的资金,包括现金、股票、债券等。随着市场的发展,市场竞争越来越残酷,新企业要想在激烈的市场竞争环境中生存,创业者必须掌控充足的资金。如果创业者只有良好的创业环境和创业机会,缺乏资金实施具体的项目运营,那么,再好的创业环境与创业机会都无法让创业者实现创业理想。在创业初期,财务资源主要来自创业者本人或其家庭、朋友。随着企业规模的扩大,经营记录和声誉的积累,新企业外部财务资源的筹集将变得更加容易。

（4）实物资源

实物资源是新企业在生产和管理过程中使用的有形资源,包括长期存在的生产物质条件,如土地、矿山、厂房、机器设备、运输工具等,还包括生产过程中投入的主材、辅材等原材料。实物资源是创业活动得以开展的重要条件。许多实物资源属于一次性固定成本,它们在使用中逐渐被损耗掉,因此,加强实物资源的维护和保养,推动实物资源的保值增值显得特别重要。随着市场规模的不断扩大,专业化分工程度持续深入,金融市场的效率不断提高,实物资源越来越容易通过采购等渠道获取。在这种情况下,实物资源往往难以构成既有企业竞争优势的重要来源。但对于新企业而言,实物资源是其创立的基本条件。

(5)技术资源

技术资源一般指专利权、商标权、著作权等。对于新企业来说,技术主要包括两个方面的内容:一是与解决实际问题相关的软件方面的知识;二是为解决这些实际问题使用的设备、工具等硬件方面的知识。两者的总和构成了组织的特殊资源,即技术资源。技术资源是无形且受法律保护的,是创新资源产生的结果和表现,一般与声誉资源结合在一起使用,从而提升其潜在的价值。在竞争激烈的现代社会背景下,加强开发、保护技术资源的独有性是保证新企业赢得市场的关键。企业必须对研发技术进行知识产权保护,以免自身利益被他人侵犯。加强技术资源的目的是创新企业已有的技术,研发并拥有独立知识产权的核心技术,从而占领市场,促使新企业不断地发展壮大。

(6)组织资源

组织资源是管理活动进行资源配置整合的表现形式,包括组织结构、作业流程、工作规范、质量系统等。组织资源通常指组织内部的正式管理系统,包括信息沟通、决策系统以及组织内正式和非正式的计划活动等。组织资源为企业的生产经营活动提供了坚实的保障,可以随着企业规模的扩大、管理规范化程度的提升不断积累和优化。对于新企业来说,其组织资源还处在萌芽阶段,需要创业者不断培育和积累。创业者要在培育和积累的过程中使组织资源发挥充分的作用。大多数新企业的失败都是无法有效地培育、积累和运用其组织资源导致的。

以上几种创业资源相互作用,共同构成了创业者的创业资源基础,在很大程度上决定了创业企业的绩效,进而影响创业企业成长发展的速度。

2)按控制主体分类

创业资源按控制主体可分为外部资源和内部资源。

(1)外部资源

外部资源是指存在于新企业外部,但可以被新企业吸引、购买并加以利用和共享的创业资源,如金融机构的资金、企业外部的优秀人才、科研机构的技术成果以及现有的成功营销网络等。

(2)内部资源

内部资源是指存在于新企业内部,新企业已经掌控的创业资源,如新企业的自有资金、新企业的研发成果以及新企业自有的营销网络等。

3)按形态分类

(1)有形资源

有形资源是指具有固定生产能力特征的实体资产以及可以自由流通的金融性资产,包括财务资源、组织资源、实物资源和技术资源。

（2）无形资源

具体来说，无形资源是那些根植于企业的历史，长期以来积累下来的资产。无形资源包括人力资源、创新资源和声誉资源，是指那些不具有实物、实体形态的资源，如企业名称、商誉、商标、专利、专有技术、营销网络、管理制度、信息资料、企业文化等。新企业在拥有有形资源如厂房、装置、设备及资金等的同时，也会拥有各种不易计算其价值的无形资源，而后者往往是创业企业核心竞争力的主要来源。

4）按利用方式分类

创业资源按其利用方式可以分为直接资源和间接资源。直接资源是指企业可以直接利用的资源。间接资源是指需要新企业通过一定的转化才可以利用的资源。如信息资源往往只有通过加工处理才能具有决策参考价值。

3.4.3 创业资源与商业资源的关系

商业资源是在日常商业活动中由众多商业企业提供的对企业有价值的资源，包括融资、采供、营销、人力等方面的资源。创业资源与商业资源既有相同点，又有不同点。

1）创业资源与商业资源的相同点

（1）有共同的价值作用

创业资源与商业资源都是能够被新企业利用的有价值的资源。创业资源能够帮助企业在创业阶段快速成长起来。而商业资源能够为新企业的发展提供必要的商务活动的支持。两者都有利于提升企业的核心竞争力，为企业的发展提供更为广阔的空间和机会。

（2）有重合的内容

创业资源与商业资源在内容上有一些重合的地方。商业资源主要是为商业企业服务提供的社会性资源，包括专业技术资源、投融资资源、原材料供应资源、产品营销资源、影响企业发展的关键人力资源、政府资源等，涵盖场地服务、培训服务、投融资服务、人才招聘服务、专业技术服务等内容，这些内容属于创业资源的一部分。

2）创业资源与商业资源的不同点

（1）资源的所有权不同

创业资源是新企业拥有、控制的资源。商业资源是新企业外部的、可供新企业利用但不属于新企业所有的资源。

（2）资源的稀缺性不同

新企业的竞争优势建立在其拥有稀缺性、独特性、难以模仿或难以替代性的创业资源的基础上，这是决定新企业在市场环境中得以生存的关键因素。而商业资源属于社会公共资源，为大多数商业企业服务，具有公共性和共享性。

（3）服务范围不同

创业资源是新企业的成长所必需的资源,服务于新企业的创业过程,是面向新企业的资源。商业资源不仅为新企业提供服务,而且为其他商业企业提供社会化服务,是资源提供者为了获取商业利润向社会提供的资源,是商业化的社会资源。

3.5 创业资源获取与整合

资源获取是指在确认并识别资源的基础上,创业者利用其他资源或途径获取创业资源并使之为创业服务的过程。资源的获取是资源整合过程中不可或缺的环节。创业活动的开展需要多种创业资源的投入,这要求创业者在创业过程中不断地开辟多种渠道,从多方面获取所需要的各种资源,确保新企业的生存与发展。

3.5.1 创业资源的获取途径

资源获取是企业生存与发展的必要步骤,创业资源获取的途径主要包括自有资源、内部积累、外部协作、资源购买、无形资源吸引和社会网络资源等。

1）自有资源

自有资源是创业者自身所拥有的可用于创业的资源,如自有资金、自己掌握的技术、自己获得的机会、自己创建的营销网络、自我管理的才能等。高职生在创业之初,创业资源以自有资源为主。

2）内部积累

资源的内部积累是指利用现有资源在企业内部经过培育后形成的资源,包括自建企业的厂房、装置、设备,在企业内部开发的新技术,通过培训增加员工的技能和知识,通过企业自我积累获取资金等。

3）外部协作

企业的创新和成长需要消耗大量的资源。一般来说,新企业实力非常弱小,资源有限,因此,企业可以从外部环境中获取资源。例如,新企业通过与供应商、销售商及消费者之间的交流或合作获取物质、技术、信息等资源;通过同行业企业为新企业提供技术,促进技术的标准化;通过外部市场的调查研究发现消费者的需求缺口,获得更多商机信息等。

4）资源购买

资源购买主要是利用资金,通过市场购入所需要的资源,包括购买厂房、装置、设备等物质资源,购买专利和技术,聘请有经验的员工等。例如,新企业可以购买他人的成熟技术,对技术市场寿命进行分析,然后通过后续的完善和开发,使技术达到商业化要求。此外,企业还可以通过股权收购或资产收购的方式,将企业外部资源内部化。资源购买的前提是所购入的资源与企业原有的资源具有高度的关联度。

5)无形资源吸引

无形资源吸引是指发挥新企业、创业者、创业团队的形象、魅力和声誉,通过无形资源的吸引作用,向外部展示新企业的商业计划,阐述新企业的美好前景,利用创业者或创业团队的形象和威信获得厂房、设备装置,获得专利、技术,吸引具有行业经验的员工,获得资金支持等。

6)社会网络资源

在创业者自有创业资源有限的情况下,社会网络成为获取资源的重要途径。高职生利用其社会关系网络形式存在的社会资本获取创业资源,难以获得借贷资本与风险投资的障碍。另一方面,大大简化了融资的程序,降低了交易成本。通常处于创立初期的企业在实力和声望等方面都较为薄弱,市场关系获取自身需要的资源。因此,新企业会倾向于利用自身的社会网络资源,用以弥补通过市场关系获取资源的不足。社会网络作为介于企业和市场的一种资源配置方式,在获取资源方面起到了决定性作用。

3.5.2 创业资源的获取方法

创业者获取创业资源的方法主要有以下4种。

1)提升学习能力

学习能力包括创业者个人的学习能力和新企业的学习能力两个方面。

(1)创业者个人的学习能力

创业者个人的学习能力与资源获取呈正相关的关系。创业者通过不断学习,能够增强自身的市场洞察力,能够根据市场需求和企业的内部需要获取资源。创业者通过学习,可以提高自身的管理素养,有利于规避动态环境带来的不利影响。创业者通过学习,能够更加了解外部市场的变化和新企业内部的需求,帮助自己对外部的竞争和内部的需求做出理性判断,运用一定的方式(如购买、收购或签订合同等)获取企业需要的资源。

(2)新企业的学习能力

企业内部组织学习、交流经验是提升企业学习能力的重要机制。新企业可以通过网络关系交换所获取的显性和隐性知识,在企业的学习活动中进行知识交流和创造。学习交流活动越有效,知识转移就越多,组织学习的能力也就越强。企业的学习能力越强,企业越容易从外部识别和获取所需要的信息。

2)提升经营管理能力

企业在创建时必然面临激烈的竞争,面对更加复杂的环境,要成功创业,创业者就必须具有独特的管理才能。成功的创业者能够很好地评估、发现和挖掘机会,能够洞察购买者的需要,能够利用自己的能力、技术和知识去获取资源,开发出购买者需要的产品。具有优秀管理才能的创业者是企业所必需的,而对于竞争对手来说是不可模仿、不可替代的稀缺资源。因此,创业者应加强自身素质的培养,提升企业的经营管理水平。

3)提升内部协调能力

具有良好的内部协调能力的创业者能够正确解读团队成员传达的关于资源的信息,能够倾听其他成员的意见并协调好团队内部的人际关系,使创业团队表现出超强的凝聚力,带动创业团队共同行动,获取必要的外在资源。创业者较强的内部协调能力,能够将内部各种资源完美地匹配与重组,使企业的运作更有效率,能够根据成员的要求和企业发展的需要,从外部吸引更多的人力资源和其他无形资源。

4)提升社会交往能力

创业者的社会交往能力是指创业者通过外部交流与沟通实现外部协作、获取资源的能力。创业者的社会交往能力越强,与合作者达成一致的可能性就越大,创业者可以利用外部资源为企业服务。创业者难以独自处理面临的各种问题和不确定性,需要他们构建各种关系帮助其克服种种困难。社会网络为获取资源提供了一种可能,创业者只有充分利用自己的社会交往技能,积极与外部成员互动,才能有效地获取各种创业资源。创业者可以通过合作来交换资源,这样不仅获得了必要的资源,而且为企业创造了良好的外部环境,可谓双赢。

3.5.3 影响创业资源获取的因素

资源是企业创业的基础,获取必要的创业资源对企业的生存至关重要,但是,高职生创业者获取创业资源是非常困难的。影响创业者获取创业资源的因素主要有以下 5 个方面。

1)社会网络系统不健全

在社会网络中,网络关系影响着个体能否获取相关资源,以及采用何种方式获取资源。社会网络规模的大小取决于凝聚在每个网络成员身上的关系数量。一般来说,某一成员身上凝聚的关系数量越多,其在社会网络中就越重要。在创业的初始阶段,新企业的内部资源相对短缺,良好的社会网络能够帮助创业者获取所需要的资源。一般来说,高职生刚刚步入社会,还没有形成足够广泛的社会网络系统,导致他们在创业中常常无法获取必要的创业资源。

2)信任机制尚未形成

新企业在初期阶段存在新生劣势,在经营中面临高度的技术不确定性和市场不确定性。同时,新企业缺少与外部购买者和供应商的良好信用记录,阻碍了资源所有者对新企业的正确认识和判断,新企业很难赢得其他企业和投资者的支持。

3)行业经验的缺乏

行业经验是创业者拥有的前期工作经验及行业技能,行业经验会随着创业者转移到新的组织中。创业者先前的工作经历和创业经历将对获取创业资源产生很大的影响,拥有丰富行业经验的创业者要比那些缺乏行业经验的创业者更懂得如何获取创业资源。这是因为有先前行业经验的创业者更加了解顾客的需求偏好,熟悉行业的市场情况,懂得不同市场战略实施的有效性,并且能够掌握如何与利益相关者建立关系的技能。这些都有利于他们赢得其他企业的认可,从其他企业或投资者那里获取创业资源。

4)创业者的领导能力不强

在企业创建初期,企业的社会网络联系尚未完善或者刚刚成立的企业社会网络不稳定。这时,企业的资源获取在很大程度上依赖于创业者的领导能力,如创业者的内部领导能力和外部协调能力等。在企业内部,创业者发挥其卓越的领导才华可以调动创业团队成员的积极性,鼓励成员为企业的发展带来更多的创业资源。在企业外部,创业者能够与其他供应商、分销商协调一致,共同协作,从外部争取更多的资金和物质方面的资源支持。领导能力强的创业者会运用合理的管理手段和协调技能,迅速补充企业的创业资源。如果创业者的领导能力不强,就会阻碍企业对创业资源的获取。

5)缺少互惠合作的企业机制

互惠合作机制的构建能够形成多种渠道,有利于新企业的资源获取。新企业应善于与其他企业建立合作的机制,积极参与其中。在合作中,企业之间能够以比较低的成本获取创业资源,彼此可以利用对方企业的资源结识更多的企业。当合作的企业不断增加时,创业资源获取的渠道便随之扩大。在其他条件不变的情况下,建立新的合作关系,新的企业加入能够帮助企业得到新的资源。善于构筑互惠合作机制的企业,其创业资源获取的能力会更强,成功的机会更多。反之,企业则难以获得创业资源。

3.5.4　创业资源的整合

尽管与已存在并进入成熟发展期的大型企业相比,创业型企业的资源比较匮乏,但实际上创业者所拥有的创业精神、独特创意和社会关系等资源同样具有战略性。因此,对创业者而言,一方面,要借助自身的创造性,用有限的资源创造尽可能大的价值;另一方面,要设法获取和整合各类战略资源。

1)善用资源整合技巧

创业者通常可以利用身边能够找到的一切资源进行创业活动,有些资源对他人来说也许是无用的,但创业者可以通过自己独有的经验和技巧将这些资源加以整合、创造,并应用到创业活动中去。例如,很多高新技术企业的创业者并不是专业技术人员出身,却可能因为兴趣或其他原因,对某个领域的技术略知一二,进而凭借略知的"一二"敏锐地发现了创业机会,并迅速实现了相关资源的整合。

整合已有的资源,快速应对新情况,是创业的利器之一。创业者要善于用发现的眼光洞悉身边各种资源的属性,将它们创造性地整合起来。这种整合很多时候甚至不是事先计划好的，而是具体情况具体分析和尝试的产物，这也体现了创业的不确定性，考验着创业者的资源整合能力。

2）步步为营策略

创业者分多个阶段投入资源并在每个阶段投入最有限的资源，这种做法被称为步步为营。步步为营的策略首先表现为节俭，即设法降低资源的使用量，降低管理成本。应注意的是，过分强调降低成本，会影响产品和服务的质量，甚至会制约企业的发展。例如，为了求生存和发展，有的创业者不注重环境保护或盗用别人的知识产权，甚至以次充好，这样的创业活动尽管短期可能赚取利润，但就长期而言，这种企业的发展潜力有限。

步步为营策略还可表现为自力更生，减少对外部资源的依赖，其目的是降低经营风险，加强对创业的控制。很多时候，步步为营不仅是一种经济的做事方法，也是创业者在资源受限的情况下寻找实现企业目的、目标和理想的途径，更是在有限资源的约束下获取满意收益的方法。习惯于步步为营的创业者会形成一种审慎控制和管理的价值理念，这对创业企业的成长与向稳健成熟发展期的过渡来说尤其重要。

3）发挥资源的杠杆效应

资源杠杆效应是以尽可能少的付出得到尽可能多的收获。资源杠杆效应的发挥是创造性产生的过程。罗伯特·库恩（Robert Kuhn）说过："一个企业家要具有发现价值和创造价值的能力，要具有在沙子里找到钻石的功夫，识别一种没有被完全利用的资源。"尽管存在资源约束，但创业者并不会被当前控制或支配的资源所限制。成功的创业者善于利用资源杠杆效应，利用他人或者其他企业的资源来完成自己创业的目的。利用一种资源补足另一种资源，产生更高的复合价值；利用一种资源撬动和获得其他资源。很多既有企业不只是一味积累资源，它们更擅长资源互换，进行资源结构更新和调整，积累战略性资源，这是创业者需要学习的重要经验。

对创业者来说，容易产生杠杆效应的资源主要包括人力资本和社会资本等非物质资源。人力资本由一般人力资本与特殊人力资本构成。一般人力资本包括受教育背景、以往的工作经验和个性品质特征等。特殊人力资本包括产业人力资本（与特定产业相关的知识、技能和经验）、创业人力资本（如先前的创业经验或创业背景）。有调查显示，一般人力资本可以为创业者提供知识、技能、资格认证、名誉等资源，同时也提供了同窗、校友、老师及其他连带的社会资本。特殊人力资本可以直接作用于资源获取，有产业相关经验和先前创业经验的创业者能够更快地整合资源，实施市场交易行为。

4）设置合理的利益机制

资源通常与利益相关，创业者之所以能够从家庭成员那里获得支持，是因为家庭成员之间不仅是利益相关者，更是利益整体。创业者在整合资源时一定要设计好有助于资源整合的利益机制，借助利益机制把潜在的和非直接的资源提供者整合起来，借力发展。因此，创业者整合资源就需要关注有利益关系的组织或个人，要尽可能多地找到利益相关者。同时，创业者要分析并确认这些组织或个体与自己和自己想做的事情有利益关系。创业者与利益相关者的利益关系越强、越直接,创业者整合到资源的可能性就越大。设置合理的利益机制是资源整合的基本前提。

利益相关者是指与创业者创建新企业有直接利害关系的自然人或法人单位。利益相关者要为新企业提供资源并做出承诺,而创业者的责任则包括以下两点。

(1)满足利益相关者的需求

创业者要寻找那些与自己具有共同利益的相关者,同时,也需要寻找可以互补的利益相关者。如果创业者要让利益相关者对自己有信心,那么,创业者首先要对自己有信心。创业者还要有诚实可信的声誉,与利益相关者在利益上能做到公平分享。

(2)以利益相关者为核心,形成资源整合机制

新企业要尽快建立以利益相关者为核心的资源整合机制,以保证企业机会的顺利实现和企业的持续发展。

3.6　创业融资

3.6.1　创业融资与创业资本

1)融资与创业融资的概念

融资是指资金供应方通过借贷、购买有价证券等形式把资金使用权出让给资金需求方,并在出让的过程中获得相应的报酬。融资具有以下两个特点。

①资金的所有权与使用权分离。

②资金供应方要获得一定的利息、股息等,作为其出让资金使用权的报酬。创业融资是指资金供应方将资金的使用权出让给创业者用于创业活动的一种融资方式。

📈 拓展阅读

创业融资的问题

据投融界研究院统计,2023 年,创投市场公开披露融资事件 4118 起,融资总额 5757.25 亿元。在融资数量方面,除了第二季度,其他 3 个季度的融资事件均超 1000 起。在融资金额方面,4 个季度均超过 1300 亿元。

全国人大代表、国家开发银行陕西省分行行长黄俊认为,小微企业融资难不能全怪银行,银行也有难处。对于金融机构而言,对大企业放贷,无论是风险还是成本收入比,都要比

小微企业好得多。

黄俊坦言,小微企业融资难,归根结底还是放贷风险过高,烂账、坏账太多,银行有顾虑。如果能建立和完善社会诚信系统,信息完全透明公开,大幅度提高违约成本,这样就消除了银行向小微企业放贷的后顾之忧。

2)创业资本的概念

创业资本是由创业投资者(或其他出资人)出资,将其投入拟创立的新企业或刚刚诞生的新企业,并赋予极大的希望以获取高回报,并承担一定风险的权益资本。

创业资本的本质是为创业项目或新企业提供资本支持,通过资本经营帮助创业者创业,获得资本增值。创业资本通常是没有担保的投资,高风险与高收益并存,是一种资金与管理相结合、金融与技术相结合,流动性很小的中长期的股权投资。

创业资本涉及的风险包括资本经营风险、道德风险等。创业资本的风险与收益是非对称的、不规则的,其系统风险值的分布呈规模风险不变的特点。

3.6.2 创业融资的渠道

新企业利用不同的融资工具,从多个渠道筹集到企业发展所需要的资金。这些融资渠道共同构成了企业的融资体系,为企业提供有力的资金支持。创业融资的渠道主要有以下4种。

1)债务性融资

债务性融资,即贷款,是利用涉及利息偿付的金融工具来获取债务资本的融资方式。典型的债务性融资需要企业以某种资产(如汽车、房子、工厂、机器)等作为抵押。

一般来说,新企业的债务资本主要来源于商业银行贷款和创业贷款等。新企业较之既有企业更难获得贷款,因为新企业的失败率较高,容易造成银行贷款无法收回。因此,一般的商业银行倾向于贷款给那些在销售额、利润、顾客满意度等方面有着良好记录的既有企业。

(1)商业银行贷款

个人从商业银行获得贷款的形式主要有信贷额度贷款和抵押贷款等。这些贷款中有些是无担保的,有些是需要有应收账款、库存或其他资产担保的。

①信贷额度贷款。信贷额度是银行和贷款人之间达成的正式或非正式协议,规定了贷款人向银行申请的1年期贷款的最大额度。通常,银行会收取占信贷额度一定百分比的手续费,并以此作为以后公司向银行申请贷款时,银行保证履行贷款责任的明确承诺。信贷额度贷款可以是无担保的,但通常银行会要求以库存、应收账款、设备或其他应收资产来抵押。无担保信贷额度贷款对贷款人的任何资产都没有留置权,也没有优先于借款人的商业信用债权人优先取得还款的权利,但银行要求信贷额度贷款的偿付一定要优先于对公司委托人和股东的债务偿付。

②抵押贷款。抵押贷款是指按照《中华人民共和国担保法》规定的抵押方式,以借款人或第三人的财产作为抵押物发放的贷款。办理抵押贷款时,应由银行保管抵押物的有关产权证明,特别是对于房屋按揭和汽车贷款。抵押贷款的金额一般不超过抵押物评估价的70%。

经典案例

一举两得:"零转让"的资金和厂房

杜德文做了几年外贸服装,积累了一定的业务渠道,便打算自己办一家鞋厂。他仔细算了算,办一个年产50万双皮鞋的中等规模的厂需要100万元的设备和周转资金,外加一处不小于200平方米的厂房。杜德文通过朋友在近郊某镇物色了一家负债累累、濒临倒闭的板箱厂,以"零转让"的形式接手了这家工厂,即该镇以资债相抵的办法,将工厂所有的动产、不动产以及工厂的债务全部转让给了杜德文。虽然,厂房的问题解决了,但是,100万元的投资从哪里来呢? 正在杜德文着急万分的时候,他的一位朋友一语点破:板箱厂的厂房就是现成的抵押物。就这样,杜德文不花一分钱,就解决了资金和厂房的问题。

(2)创业贷款

创业贷款是指具有一定生产经营能力或已经从事生产经营活动的个人,因创业或再创业提出资金需求申请,经银行认可有效担保后发放的一种专项贷款。新企业可以充分利用政府的优惠政策申请创业贷款,根据个人的资信状况和偿还能力,符合条件的借款人最高可获得单笔50万元的贷款支持。对创业达到一定规模或成为再就业明星的,还可以提出更高额度的贷款申请。创业贷款的期限一般为1年,最长不超过3年。

拓展阅读

高职生创业贷款

1.选择融资渠道的原则

①大学专科以上毕业生。

②毕业后6个月以上未就业,并在当地劳动保障部门办理了失业登记。

③在申请此类贷款时,有3点比较重要:第一,贷款申请者必须有固定的住所或营业场所;第二,具有营业执照和经营许可证,具有稳定的收入和还本付息的能力;第三,也是最重要的一点,就是创业者所投资项目已有一定的自有资金。

具备以上条件的高职生方能向银行申请。申请时,需要提供的资料主要包括婚姻状况证明、个人或家庭收入及财产状况等还款能力证明文件;贷款的相关协议、合同;担保材料,涉及抵（质）押品的权属凭证和清单，银行认可的评估部门出具的抵（质）押物估价报告。除了书面材料以外，还要有抵押物。抵押物抵押的方式较多，可以是动产、不动产抵押，定期存单质押、有价证券质押、流通性较强的动产质押，符合要求的担保人担保。发放额度根据具体担保方式决定。

2.贷款期限和金额要求

国家为大学毕业生提供的小额创业贷款是政府贴息贷款，其期限为1~2年，2年之后不再享受财政贴息。

创业贷款金额要求一般为：最高不超过借款人正常生产经营活动所需要的流动资金、购置（安装或修理）小型设备（机具）和特许连锁经营所需资金总额的70%，期限一般为2年，最长不超过3年。其中，生产经营性流动资金贷款期限最长为1年，个人创业贷款执行中国人民银行颁布的期限贷款利率，可以在规定的幅度范围内上下浮动。

3.贷款偿还方式

①贷款期限在1年（含1年）以内的个人创业贷款，实行到期一次还本付息，利随本清。

②贷款期限在1年以上的个人创业贷款，贷款本息偿还方式可以采用等额本息还款法或等额本金还款法，也可以按双方商定的其他方式偿还。

2）股权性融资

股权性融资是指无须资产做抵押，赋予投资者在企业中某种形式的股东地位，让其分享企业的利润，并按事先约定拥有对资产的分配权。股权性融资的渠道主要有公开发行股票、天使投资和风险投资。

（1）公开发行股票

公开发行股票是指企业通过在公开市场发行股票筹集资金的融资方式。目前，我国的股份有限公司都是通过发行股票筹集资金建立的。根据筹集资金的方式不同，股份有限公司可以分为定向募集公司和向社会募集公司两种。定向募集公司发行的股票只能由发起人认购；向社会募集公司发行的股票可以由社会上的组织和个人自由认购。公开发行股票的优点是融资资金数量大，流动性强；其缺点是融资成本高，必须公开披露公司信息，受严格的规定约束。

（2）天使投资

天使投资是一种非组织化的创业投资形式，其资金来源大多是民间资本，而非专业的风险投资机构。天使投资者是对缺少自有资金的创业家进行投资，并承担风险与收益的个人投资者。天使资本市场是风险资本市场的一个子系统，属于非正式部分，与风险资本呈互补关系。风险资本市场可以分为私有股份融资市场和小盘股市场（二板市场）。其中，私有股份融资市场包括非正式天使资本市场和风险资本。风险资本市场结构如图3.2所示。新企业从天使资本市场获得初创资金，将来才有可能从更加正规的风险资本市场获得融资。

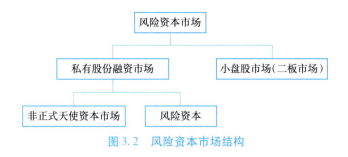

图 3.2　风险资本市场结构

 拓展阅读

天使投资 4.0 时代

　　清科研究中心发布的报告显示,2015 年第一季度,中国天使投资市场活跃度延续 2014 年的火爆行情。2015 年第一季度,中外天使投资机构新募集基金 25 只。一共发生 349 起投资案例,披露金额的交易共计涉及 2.59 亿美元,投资活跃度比 2014 年同期情况提升近 1 倍,一共发生 3 起创业板 IPO。此外,2015 年新三板的火爆为天使投资的退出带来了新的途径。

　　该报告认为,2015 年国内天使投资将迎来天使投资 4.0 时代,在经过高净值个人主导天使投资的 1.0 时代、专业风险投资机构主导天使投资的 2.0 时代和行业领导企业投资创业公司的 3.0 时代后,国内天使投资 4.0 时代将是全民参与的股权众筹时代,创业者获得天使投资的难度将大幅度降低,潜在天使投资人将通过股权众筹平台与更多优质项目产生交集。

　　据清科集团旗下的私募通统计,2015 年第一季度,天使投资机构募集完成 25 只天使基金,共募得金额 4.07 亿美元。国内共 349 家新企业获得来自天使投资机构的天使投资,同比上升 93.9%;披露的金额超过 2.59 亿美元,同比增加 214.2%。从平均金额来看,2015 年第一季度的平均投资金额约为 74.09 万美元,与 2014 年平均每期投资金额约为 68.67 万美元相比,增加约 7.9%。投资界人士认为,依托国家政策的大力扶持和创业环境的日趋完善,创业成功率有一定程度的提升。相应地,天使投资者对创业者也更加有信心,不再过度拘泥于投资金额的苛求,而是给了创业者更大的发挥空间和资金支持。同时,在 2014 年天使投资井喷式增长后,越来越多的人开始关注天使投资,刺激潜在投资者将天使投资加入投资组合。

　　值得关注的是,2015 年第一季度新募天使基金中出现了许多由政府和天使投资机构合资成立的一批政府背景天使基金,如深圳市龙岗区政府出资,力合天使创投管理的龙岗,力合天使创业投资基金和西安经济开发区成立的 5000 万元天使投资基金。

3）风险投资

　　风险投资是指通过资本经营服务对被投资企业进行培养和辅导,当企业发展到一定阶段后,即通过退出投资以实现自身资本增值的一种特殊形态的融资模式,其经营方针是在高风险中追求高收益。风险投资是当今广为流行的一种新型投资机构,它以一定的方式吸收机构和个人的资金,投向那些不具备上市资格的中小企业和新兴企业,尤其是高新技术企业。风险投资不同于其他投资的地方在于它为被投资企业提供管理咨询等增值服务,其最终目标是谋求资金回报,而不是公司的控制权。

风险投资无须风险企业的资产抵押担保,手续相对简单。在快速变化的环境中,技术创新的速度加快,行业不断分化,传统融资方式逐渐丧失了有限的资金融通功能。风险投资的特殊制度和管理模式的创新正好能够弥补传统融资活动的不足,为那些不能通过传统融资渠道获得资金的新企业提供资金来源。

风险投资退出方式主要有4种:首次公开募股(IPO)、并购、回购和清算。然而,在IPO费用昂贵的国家,大多数风险投资家更倾向于选择灵活性较大、成本相对低廉的企业并购的方式或者采取股权拍卖的方式进行风险投资的退出,变现风险企业资产,将投入的资金由股权形态转换为资金形态。

4)其他融资方式

除上述3种融资方式外,其他融资方式包括创业基金、政府基金、典当融资等。

(1)创业基金

高职生创业是一项系统工程,需要一系列的配套和社会各方面的大力支持。高职生创业离不开资金的支持,资金是创业的基本保障。中国已经陆续成立了许多创业基金,主要用于为高职生创业提供资金支持、创业培训和技术支持,帮助高职生发挥自身优势,依托科技,自主创业,拓宽高职生融资的渠道。同时,各地方政府也先后出台了《关于进一步鼓励和扶持高职生自主创业创新的实施意见》和《高职生创业基金管理办法》等相关政策规定。创业基金的完善和发展进一步解决了高职生融资困难的问题。

拓展阅读

首只民营学生创业基金在南京设立

2011年6月9日下午,中国创业实习网·华信青年学生创业基金设立仪式暨中国创业实习网第二届高职生创业大赛决赛阶段启动仪式在南京东南大学举行。

据了解,中国创业实习网·华信青年学生创业基金出资规模为1000万元人民币,该基金的成立旨在对青年学生创业项目进行扶持。中国创业实习网·华信青年学生创业基金的设立,将通过资本的进入,把资源、经验、执行力甚至团队带给创业高职生,从而实现"资本""智本"和"商业模式"的三合一,真正实现以创业带动就业。

(2)政府基金

近年来,政府充分意识到中小企业在国民经济中的重要地位,各省市地方政府不断采取各种方式扶持科技含量高的产业或者优势产业发展。这对于既拥有一技之长又有志于创业的诸多科技人员是一个很好的机会。

（3）典当融资

风险投资只是一小部分精英型创业者的"特权"。银行的大门虽然敞开着，但有一定的门槛。"急事告贷，典当最快。"典当的主要作用就是救急。与作为主流融资渠道的银行贷款相比，典当融资虽然只起到拾遗补缺、调余济需的作用，但由于其能在短时间内为融资者争取到更多的资金，正在受到越来越多创业者青睐。

经典案例

典当融资解决短期资金问题

张先生是一位成功的纸张批发贸易商人，其公司和 10 多家印刷厂建立了长期供货合作关系。由于印刷厂的业务不断增长，公司的纸张批发业务大幅增长，而银行又收紧了流动资金贷款审贷政策，张先生一下子面临短期资金周转的困难，打算通过私人借贷解决资金问题。为了保持公司业务的正常发展，张先生找到典当行帮忙解决难题，业务人员详细分析了张先生公司的业务特性和财务状况，建议他将个人名下一套闲置房产拿到典当行抵押融资。典当行经过价格评估，决定给予张先生 50 万元的最高循环贷款额度，张先生在接下来的半年内可以因需要在额度内随借随还，逐日计息。

这样，张先生既可随时借用资金周转，又可避免资金闲置负担利息，比向银行长期贷款更划算，更符合张先生的需求，规避了向私人借贷被侵吞房产的风险。张先生连声称赞，立马办理手续，安心扩展公司的业务。

3.6.3　选择融资渠道的原则

新企业选择融资渠道的原则包括融资规模适度、资本结构合理、融资期限适宜和把握最佳融资时机。

1）融资规模适度

确定企业的融资规模是企业融资过程中的首要问题。筹资过多不仅造成资金闲置浪费，增加融资成本，导致企业净资产收益率下降，还可能导致企业负债过多，无法偿还，增加企业的经营风险。相反，筹资不足会妨碍企业投资计划和其他业务的正常开展。因此，企业在进行融资决策时，要根据企业的生产经营状况、自身的实际条件、融资的难易程度和成本等情况，预测资金的需求量，确定合理的融资规模。

2）资本结构合理

资本结构是指企业各种资本来源的构成和比例关系。其中，债权资本和权益资本的构成比例在企业资本结构的决策中居于核心地位。最佳资本结构是指能使企业资本成本最低且企业价值最大,并能最大程度地调动各利益相关者积极性的资本结构。企业价值最大化要求降低资本成本,但这并不意味着强求低成本,不顾筹资风险,筹资风险太大不利于企业价值的提高。企业的资本总成本和企业价值的确定,都直接与现金流量、风险等因素关联,因此,两者应同时成为衡量最佳资本结构的标准。

3)融资期限适宜

按照期限来划分,企业融资可以分为短期融资和长期融资。企业选择短期融资还是长期融资,主要取决于融资的用途和融资成本。从资金用途来看,如果融资用于企业流动资产,由于流动资产具有周期短、易于变现、经营中所需补充数额较小、占用时间短等特点,企业宜选择各种短期融资方式,如商业信用、短期贷款等。如果融资是用于长期投资或购置固定资产,这类用途要求资金数额大、占用时间长,因此,适宜选择各种长期融资方式,如长期贷款、企业内部积累、租赁融资、发行债券、股票上市等。

4)把握最佳融资时机

在大多数情况下,企业只能适应而无法左右外部融资环境。例如,在某一特定的环境下,企业可能不适合发行股票融资,只能通过银行贷款或其他方式融资。这就要求企业必须充分发挥主动性,积极寻求并及时把握各种有利时机。由于外部环境复杂多变,受宏观经济状况和市场整体情况的影响,企业融资决策要有超前性。为此,企业要及时掌握国内外利率、汇率等金融市场的各种信息,了解国内外宏观经济形势、国家货币和财政政策等外部环境因素,合理分析和预测影响企业融资的各种条件,以及各种可能的变化趋势,寻求最佳融资时机。

企业可以对各种融资方式进行合理搭配,结合融资成本、融资期限、融资风险、资金使用的自由度优化资金组合。

模块 4
创业计划书

4.1 创业计划书概述

古语云:谋定而后动。良好的计划是成功的开始,计划也将引导着执行者走在通往目标的正确航线上。任何一个项目都需要一份文字版的规划蓝图。

4.1.1 创业计划的类型

按照不同的分类标准,创业计划可以分为许多类型。

1)按照创业计划的内容分类

(1)综合创业计划

综合创业计划是全面实现创业战略的创业计划。例如,创业者计划开发销售一种新产品,那么这份创业计划需要涵盖产品的开发、生产、销售等方面,其具体内容详细而烦琐。这就是一份典型的综合创业计划。综合创业计划的主要阅读者为利益相关者,如投资者、供应商、潜在客户、应聘的关键员工等。综合创业计划的目的是让利益相关者了解创业计划,激发他们的兴趣,使他们积极投入创业活动中,进而促进创业活动的进行。

(2)专项创业计划

专项创业计划是创业中的某一项目的专门计划,如创业融资计划、产品开发计划、市场开拓计划等。其中,最重要的是创业融资计划,因为资金是确保其他项目顺利开始的基石。专项创业计划为某一项目的发展确定了比较具体的方向,从而使创业项目中的相关员工了解该项目的发展规划,并激励他们为创业成功而努力。

2)按照创业计划的目标分类

(1)吸引风险投资的创业计划

吸引风险投资的创业计划主要面向风险投资者,其目的是向风险投资者募集资金。风险投资者评估投资项目的首要资料就是创业计划,一份简练而有力的创业计划能让风险投资者对投资项目的运作和效果心中有数。吸引风险投资的创业计划在撰写过程中要注意以风险投资者的需求为出发点,尽量说明创业项目有足够大的市场容量和较强的持续盈利的能力。展示创业者有完善、务实和可操作的项目实施计划,有完全具备成功实施项目素质能力的管理团队,同时,具备项目运营的成功保证。

通常,吸引风险投资的创业计划应包括以下 10 项内容:计划概述、产业背景和公司概述、市场调查和分析、公司战略、项目总体进度安排、关键风险和应对策略、管理团队的组成、企业经济状况、财务预测、假定公司能够提供的利益。

（2）吸引创业伙伴的创业计划

吸引创业伙伴的创业计划是为了吸引创业团队的新成员以及有特定意义的关键员工。在最初准备创业的时候，创业者无论是从身边的亲朋好友中寻找创业伙伴，还是从并不熟悉的人群中寻找创业伙伴，一份结构清晰、前景良好的创业计划是吸引创业伙伴最有力的武器。吸引创业伙伴的创业计划不仅要清晰地阐明企业的商业模式和未来的发展规划，而且要对创业团队成员的利益分配和权限给出清晰的说明。

通常，吸引创业伙伴的创业计划应包括以下 8 个方面的内容：创业机会及其商业价值描述、新企业将提供的产品以及可能的消费者、可能的市场竞争与拟采取的市场策略、可能的市场收益、可能遇到的风险及应对策略、希望别人以怎样的方式参与、将给创业伙伴哪些利益、有待与新创业伙伴讨论的问题。

（3）获取政府支持的创业计划

政府部门制定的各项政策对创业活动的成败具有重要的影响。只有在政府政策允许和鼓励的条件下，新企业才能获得更多的人才、贷款、投资、各种服务及优惠等。获取政府支持的创业计划应当强调新企业的项目投资可行性，要着重说明新企业的社会收益和社会成本。只有创业项目的社会影响良好，才有可能成为政府关注的对象，进而获得政府的支持。

通常，获取政府支持的创业计划包括总论、团队情况、产品的市场需求预测、项目的技术可行性、项目实施方案、投资估算与资金筹措、项目收益分析及对社会的影响、项目风险及不确定性分析、关于项目可行性的综合结论和希望政府给予的具体支持 10 项内容。

4.1.2　创业计划的作用

一份周密的创业计划是中小企业成功筹集资金的关键，它全面地向投资者展示了企业发展的趋势、企业的实力、企业的融资计划，帮助中小企业获得投资。同时，它也为企业设计了发展轨迹，可作为企业发展的行动指南。

1）帮助创业者理清思路

在创办新企业时，创业者必须清楚市场机会究竟在哪儿，产品该如何设计；如何让人们更倾向于购买自己的产品而非对手的产品；要和谁竞争，该如何迎战；如何为自己准备足够的客户资源，使企业从正式创立之日起，就有源源不断的销售收入；准备在产品开发、人员使用、办公地点租用、购买原材料上花费多少资金；有没有一套适合自己的盈利模式；如何管理公司，公司的员工有多少，组成结构如何，各自的工作目标是什么；融资渠道是否可行；等等。这些都需要创业者将其写在创业计划中。创业计划详细可行，是创业者创业路上遇到困难时最可靠的支撑，也是巩固创业者创业信心的坚实保证。

创业计划是创业者事业的蓝图，有了明确的创业计划，创业者才不至于在创业过程中迷失方向，在受到干扰或遭遇挫折时，才不至于打乱创业活动的节奏和进程。许多创业者在刚开始投入一项事业时凭借的仅仅是一腔热情，当真正着手去做时，会发现需要考虑的问题多而杂。制订创业计划需要创业者以认真务实的态度分析市场状况以及自己所拥有的资源等,冷静地观察和分析自己的创业理想是否切实可行,清晰地认识创业机会与创业风险,明确创业活动的方向和目标,并对某一项具有市场前景的产品或服务进行总体安排,进而理清思路。

2)帮助创业者寻求外部资源支持

除了使创业者更加了解自己要做的事情,创业计划更大的意义是要向他人进行展示,尤其是那些能给创业者提供资金帮助的人。因此,创业计划的另一个重要作用是帮助创业者把新企业推销给风险投资者,说服其对创业者的创业活动进行投资。

大多数新企业在创业初期都会遇到资金问题,如果这时创业者能清晰地向潜在投资者和其他风险投资者描绘本企业正在追寻的创业机会,以及实现这种机会的有效商业模式,则能够显著增加企业获得投资的机会。而创业计划的好坏,往往决定了投资交易的成败。

对新企业来说,创业计划的作用尤为重要。当选定了创业目标与确定创业动机后,创业者就必须提供一份完整的创业计划。完整的创业计划是整个创业过程的灵魂,包括从企业成长经历、产品服务、市场、营销、管理团队、股权结构、组织人事、财务、运营到融资方案。只有内容翔实、数据丰富、体系完整、装订精致的创业计划才能吸引投资者的注意,让他们看懂项目商业运作计划,才能使外部资源支持成为现实。

3)帮助企业员工明确方向

员工是创业者所需要的重要人力资源,员工将其人力资本投资于新企业的目的是获取投资回报及个人的发展。因此,创业计划应明确拟建企业需要什么样的员工来从事什么样的工作,会带来什么样的回报。通过描绘新企业的发展前景和成长潜力,使员工对企业和个人的未来充满信心。明确员工要从事什么项目和活动,从而使其了解将要充当什么角色,完成什么工作,以及能否胜任这些工作。因此,创业计划可以为企业的发展定下比较具体的方向和重点,从而使新企业的员工了解企业的经营目标,有助于企业员工协同工作,并通过一致的行动向目标前进。

4.1.3 创业计划的内容

创业计划的制订源于创业者把握商机,并针对商机的实现分析环境因素,组合各种资源,研究应怎样打破市场壁垒,进行风险评估,采取有效的措施规避风险,进入市场并建立起属于自己企业的网络,制定营销原则和策略,争取市场份额等问题。同时,创业者应根据市场的变化及时作出决策,并进行调整,以增强企业对市场的适应能力,避免僵化,这也是创业生存和发展的需要。完整的创业计划包括以下几个方面的内容。

1)行业分析

行业分析应包括对该行业的展望,即该行业的历史成就和将来的发展趋势,创业者还应提供对该行业新产品开发的看法。竞争分析也是行业分析的重要内容,创业者应识别每一个重要的竞争对手,分析他们的优势与劣势,特别是分析竞争对手将如何影响本企业在市场上潜在的成功。

2）企业描述

对新企业进行的描述主要应明确企业的经营范围和规模,其关键要素包括产品和服务、企业的地点和规模、所需人员和办公设备、创业者的背景及企业历史。

3）生产计划

如果新企业属于制造业,则必须制订周密的生产计划,生产计划应描述完整的生产过程。如果新企业准备将某些甚至所有制造工序分包给其他企业,则应在生产计划中对分包商加以说明。对于创业者将要实施的全部或部分制造工序,则需要描述厂房的布局、制造运营过程中所需要的机器设备、原材料及供应商的姓名、地址、供货条件、制造成本以及任何资本设备的将来的需求等。

4）市场营销计划

市场营销计划是创业计划中的一个重要组成部分,它主要描述产品或服务将如何被分销、定价和促销。营销计划是新企业成功的关键。因此,创业者应尽一切努力将该计划准备得尽可能全面而具体,以便投资者了解新企业的创建目标是什么,为有效实现这一目标将实施什么样的战略。

5）组织计划

组织计划主要描述新企业的所有制形式,即新企业的所有制将是独资形式、合伙制形式还是公司制形式。如果新企业是合伙制企业,那么,创业计划中就应加上合伙的有关条款。如果新企业的所有制形式是公司制,那么,创业计划中就应明确被核准的股份份额、优先认股权、公司的经理及高层管理者的姓名、地址及简历。此外,组织计划还应提供组织结构图,用来表明组织内成员的授权及责任关系。

6）风险估计

创业者有必要进行风险估计,以便制定有效的战略来应对这些威胁。新企业的主要风险可能来自竞争者的反应,来自自身在市场营销、生产或管理等方面的弱势,来自技术的进步带来的其产品的过时等。创业者有必要在创业计划中提供备选战略以应对上述风险的发生。

7）财务计划

财务计划也是创业计划的重要组成部分。财务计划表明了新企业所需要的潜在投资承诺,还表明了创业计划的可行程度。

4.2 创业计划书撰写

著名投资家克雷那(Eugene Kleiner)曾说:"如果你想踏踏实实地做一份工作的话,写一份创业计划,它能迫使你系统地进行思考。有些创意可能听起来很棒,但是,当你把所有细节和数据写下来的时候,它自己就崩溃了。"创业者不仅要在自己的脑海里形成一幅蓝图,更要未雨绸缪,制订一份创业计划书,这样就不容易偏离自己原先设定的方向。

4.2.1　制订创业计划书的步骤

创业计划书制订的各个阶段,都有不同的任务与要求,制订创业计划书的一般步骤如下。

1）准备阶段

准备阶段的主要工作是整理思路,即对思考的创业领域、创业目标、创业模式进行整理的同时,对创业计划书涉及的各方面进行深入了解。通过各种途径收集创业计划制订过程所需要的资料,并进行分类、整理。在此基础上,明确设计的宗旨目标,各阶段具体的时间安排、人员分工。

2）分析论证与形成阶段

分析论证与形成阶段既要分析创业项目的可行性、产品或服务的新颖性、市场营销的适宜性、技术与工艺的科学性、管理团队的适宜性、投资回报的可靠性、筹资方案的计划性、创业风险的可控性等内容,还要考虑创业计划形式方面能否打动投资者或相关人员等因素。分析论证与形成阶段主要有3项任务。

①草拟提纲。将创业计划涉及的各方面搭建成框架,列出提纲,提纲中尽量列出对应的资料与图标。

②分析论证。对创业计划涉及的各方面的具体操作方案对应资料与图表进行比较、筛选、设计,形成独到的见解。

③形成初稿。在前面两个步骤的基础上草拟创业计划书,再作必要的修改形成初稿。

3）检查完善阶段

对照创业计划书要求、样板以及优秀的创业计划书等进行检查,并就某些方面征询有关机构与专业人士的意见,如律师、工商管理部门、会计师事务所、金融机构等,要慎重对待该阶段形成的方案,要全面检查,反复推敲,善于形成新思路,不厌其烦地修订错误,并逐步完善。

4）定稿阶段

形成内容与形式统一、宏观谋篇与微观细节统一的、独到的、新颖的创业计划书。

4.2.2　创业计划书的撰写要点

创业计划书的撰写,是创业者反复思考、推理并讨论确定的过程。创业计划书的内容与写作要点大致如下。

1）摘要

摘要列在创业计划书的最前面,摘要浓缩了的创业计划书的精华。创业计划书的摘要涵盖了计划的要点,以求一目了然,以便读者能在较短的时间内评审计划并作出判断。摘要一般包括公司介绍、主要产品和业务范围、市场概貌、营销策略、销售计划、生产管理计划、管理者及其组织、财务计划、资金需求状况等内容。

在介绍企业时,首先,要说明创办新企业的思路、新思想的形成过程以及企业的目标和发展战略。其次,要交代企业现状、过去的背景和企业的经营范围。在这一部分中,要对企业以往的情况进行客观评述,不回避失误。中肯的分析往往更能赢得信任,企业的创业计划书更容易被认同。最后,要介绍创业者自己的背景、经历、经验和特长等。企业家的素质对企业的成绩往往起到关键性的作用。企业家应尽量突出自己的优点并表达自己强烈的进取精神,给投资者留下一个好印象。

在计划摘要中,还必须回答下列问题。

①企业所处的行业,企业经营的性质和范围。

②企业的主要产品。

③企业的市场在哪里？ 谁是企业的顾客？ 他们有哪些需求？

④企业的合伙人、投资人是谁？

⑤企业的竞争对手是谁？ 竞争对手对企业的发展有哪些影响？

摘要要尽量简明、生动。特别要详细说明企业的不同之处以及企业获取成功的市场因素。如果投资者了解自己正在做的事情,摘要仅需两页纸就足够了。如果投资者不了解自己正在做什么,摘要就可能要写 20 页以上。有些投资者就是依照摘要的长短来"把麦粒从谷壳中挑出来"。

2）企业介绍

企业介绍如同自我介绍,目的就是让投资者认识该企业。企业介绍涉及企业的基本情况(名称、组织形式、注册地址、联系方式等)、发展历史与现状、所提供的商品或服务的竞争力、未来的发展规划和目标等。其中,企业目标是企业要达到的效果,是企业发展的动力,在创业计划书中是亮点所在,必须下功夫写好。

3）目标市场分析

著名的市场营销学者杰罗姆·麦卡锡(Jerome McCarthy)认为,应当按照消费者的特征将整个潜在市场分成若干个部分,根据产品本身的特性选定部分消费者作为一个特定的群体,这一群体被称为目标市场。例如,对手机消费群体的分析如下:手机更新换代异常频繁,手机有诸多消费群体,高端人士青睐外观精巧、质量上乘、功能先进的手机,商务人士喜欢具备多样化的商务功能的手机,学生一族追求时尚型手机,普通百姓喜欢结实耐用的手机。目标市场分析可以分为产品技术类、文化创意与服务咨询类。

(1)产品技术类

在应用领域,市场定位与产品定位、市场分析,一定要聚焦到目标细分(再细分)市场与目标客户群,定位要准确清晰,即需要界定目标细分市场、市场的切入点,市场进入门槛、市场特征分析、目标市场的规模(容量)、市场占有率、增长率,目标细分市场的主要竞争对手和竞争优势分析(定性与定量)。

(2)文化创意与服务咨询类

除了以上内容,还需要对公司运营的商业模式、盈利模式进行描述,要有创新性、独特性、竞争性与可行性,以及服务模式的定位。细分目标服务市场与目标服务客户的定位要准确清晰,要分清商业模式与盈利模式的区别。通常情况下,商业模式与盈利模式都可以看作产品与服务是如何赚钱的,但两者还是有所区别:一是一项服务或一门生意如何产生收入和利润(盈利模式);二是如何将日常运营和长期策略具体化(商业模式)。

拓展阅读

目标市场分析注意要点

对目标市场的分析,应从以下 6 个方面入手。

①你的细分市场是什么?

②你所拥有的市场有多大?

③你的市场份额是多少?

④你的目标顾客是哪些或哪类人?

⑤你的 5 年生产计划、收入和利润是多少?

⑥你的营销策略是什么?

4)产品技术与服务

对产品技术与服务要做详细的说明,说明既要准确,又要通俗易懂,让非专业人员也能看得明白,听得明白。

(1)产品技术类项目

产品技术类项目一般从以下 6 个方面加以论述。

①产品技术的概念、性能、特性及应用领域,产品定位清晰。

②产品的核心技术及由来,技术的成熟度,处于研发阶段(样品、小试、中试)、工业化阶段还是商业化阶段。

③产品技术的先进性(在国内或国际处于先进水平、领先水平,创新性、唯一性、填补空白)。

④产品技术的市场核心竞争力,竞争优势明显,在产业链上所处位置。

⑤产品技术的市场前景。

⑥产品技术的知识产权要清晰。

(2)文化创意与服务咨询类项目

文化创意与服务咨询类项目从以下 4 个方面进行阐述。

①对公司的服务性质、对象、特点、领域进行介绍。

②提供的服务满足了客户的哪些需求？为被服务者创造了哪些价值？

③服务具有哪些独特性、创新性？市场竞争力与核心竞争的优势是什么？服务目标的市场前景如何？

④涉及知识产权如商标权、软件著作权等要清晰。

5）市场营销策略

企业营销成败直接决定了企业的命运。构思完善的创业计划的关键因素是规划精密的市场营销和销售活动。在介绍市场营销策略时，要讨论不同营销渠道的利弊，明确哪些企业主管专门负责销售，主要使用哪些促销工具，以及促销目标的实现和具体经费的支出等。对市场进入、市场营销和促销计划等一整套战略的阐述要具有说服力。

6）生产计划

生产计划旨在让投资者了解产品的生产经营状况。生产计划应尽可能将新产品的生产制造和经营过程展示给投资者。生产计划的主要内容包括以下 6 个方面。

①公司现有的生产技术能力，企业生产制造所需的厂房、设备情况。

②质量控制和改进能力。

③新产品的生产经营计划，改进或将要购置的生产设备及其成本。

④现有的生产工艺流程，生产周期标准的制定和生产作业计划的编制。

⑤物质需求计划及其保证措施，供货者的前置期和资源的需求量。

⑥劳动力和雇员的有关情况。

同时，为了增加企业的评估价值，创业者应尽量让生产制造计划更加详细、可靠。

7）财务分析与预测

财务分析与预测包括公司过去若干年的财务状况分析，今后 3 年的发展预测以及详细的投资计划，旨在让投资者据此判断企业未来经营的财务状况，进而判断其投资能否获得理想的回报。财务分析与预测是决定投资决策的关键因素之一。

这部分主要明确说明财务预测的依据、前提假设和预测方法，给出公司未来 3 年的资产负债表、损益表以及现金流量表。

财务预测的依据、前提假设是投资者判断企业财务预测准确性和财务管理水平的标尺，也是投资者关注的焦点。其主要依据和前提假设是企业的经营计划、市场计划的各项分析和预测，也就是说，要在这部分明确回答下面的问题。

①产品在每一个期间的销售量是多少？

②什么时候开始产品线扩张？

③每件产品的生产成本是多少？

④每件产品的市场定价是多少？

⑤使用什么样的分销渠道？预期的成本和利润是多少？

⑥需要雇用哪几种类型的人员？雇用何时开始？工资预算是多少？

财务分析预测在公司经营管理中处于重要地位，企业需要花费较多的精力来做具体分析,必要时,最好与专家、顾问进行商讨。

对于中小企业来说,财务预测既要为投资者描绘出美好的合作前景,又要使这种前景建立在坚实的基础之上,否则会令投资者怀疑企业管理者财务分析、预测和管理的能力。

经典案例

开办一家小店的资金预算

菲菲准备大学毕业后开一家小书店。经过考察,菲菲决定租用一间50平方米的门面,以下是她开办书店的资金预算。

1.店铺装修

装修普通的中小书店,每平方米200元,50平方米的书店大约需要投入装修费10000元。

2.书架

中档书架的报价为每个300元,书店需要30个书架,共9000元。

3.营业设备

计算机、扫描仪、打印机、电话、传真等,大约需要10000元。

4.首期备货的采购资金

初步确定首期备货的采购资金为50000元。

5.房租

每月租金5000元,准备3个月租金,共15000元。

6.人员工资

需要店员两人,每人每月平均工资3000元,准备3个月,共18000元。

⑦其他费用预留:水电、通信、公关、物流等费用,每月预算1000元,准备3个月,共3000元。

合计115000元。开一个50平方米的小书店需要启动资金115000元。

8)融资计划

融资计划主要是根据企业的经营计划提出企业资金需求数量、融资的方式与工具、投资者的权益、财务收益及其资金安全保证、投资退出方式等。融资计划是资金供求双方共同合作前景的计划分析。融资计划的主要内容包括以下8个方面。

①融资的数额是多少?已经获得了哪些投资?希望向战略合作伙伴或者风险投资人融资多少?计划采用哪种融资工具?是以贷款、出售债券,还是以出售普通股、优先股的形式筹集?

②公司未来的资本结构如何安排?公司的全部债务情况如何?

③公司融资所提供的抵押、担保文件,包括以什么物品进行抵押或者质押,什么人或者什么机构提供担保。

④投资收益和未来再投资如何安排?

⑤如果以股权形式投资,双方对公司股权、控制权以及所有权比例如何安排?

⑥投资者介入公司后,公司的经营管理体制如何设定?

⑦投资资金如何运作?投资的预期回报怎样?投资者如何监督、控制企业运营?

⑧对吸引风险投资的,风险投资的退出途径和方式是什么?是企业回购、股份转让还是企业上市?

这部分是融资协议的主要内容,企业既要对融资需求、融资用途提出令人信服的理由,又要有令人心动的投资回报和投资条件,还要注意维护企业自身的利益。融资的基础是企业的财务分析与预测。

由于与资金供给方合作的模式可能有多种,因此,需要设计多种备选方案,给出不同盈利模式下的资金需求量和资金投向。

9)风险分析

风险分析主要是分析企业可能面临的各种风险隐患,已经采取哪种措施来降低或防范风险、增加收益等。主要包括以下几个方面。

①企业自身条件的限制,如资源限制、管理经验的限制和生产条件的限制等。

②创业者自身的不足,包括技术、经验或管理能力上的欠缺等。

③市场的不确定性。

④技术开发的不确定性。

⑤财务收益的不确定性。

⑥针对企业存在的每一种风险,企业进行风险控制与防范的对策或措施。

对企业可能面临的各种风险,要采取客观、实事求是的态度,既不能夸大,也不能缩小,更不能故意隐瞒风险因素,而是对企业面临的各种风险进行分析,提出具有针对性的防范措施,取得投资者的信任,有利于引入投资后双方的合作。

10)附件和备查资料

附件是为创业计划书提供必要的补充资料,不必将所有资料都放入附件,只需要放那些能真正增强正文说服力的资料。附件和备查资料主要包括以下 10 个方面。

①专利证书。

②技术鉴定。

③结题(项)报告。

④查新报告。

⑤市场实际调查结果。

⑥荣誉证明。

⑦已创业企业还需要工商注册、税务登记等相关材料。

⑧表目录、图目录等。

⑨国家、省竞赛规则里的具体要求。

⑩其他资料。

经典案例

怎样写出好的创业计划书

资本市场存在两难处境,靠谱的项目找不到投资者,很多投资者找不到靠谱的项目,究其原因,是创业计划书不能很好地吸引投资者。

创业计划书的写作要点可以概括为:结构化思考,形象化表达。结构化思考,就是从需求出发,系统地阐述项目成功的各种充要条件或关键成功因素。形象化表达,就是尽可能用图形化、数据化的呈现形式让创业计划书精准地传递项目的价值。创业计划书重点要向投资者传递以下信息:市场很大,这是我们创业的理由;我们很厉害,这是为什么由我们来创办这家企业的理由;我们能持续长久地赚很多钱,这是我们吸引投资者的理由。只要创业计划书围绕这个逻辑展开,就能向投资者表明:万事俱备,只欠东风(钱)。从而初步打动投资人,吸引投资人的注意。

1. 我们是谁

简短介绍公司成立的时间、注册资金、行业地位、过去的销售与利润业绩、产能、产值、销售收入、利润、资产、获得的荣誉、知识产权等能反映公司全貌的基础数据与事实,特别强调一些吸引投资者的要点,如本企业 SWOT 分析、本企业核心竞争力与优势分析、本企业拥有的独特资源。

2. 我们为什么要创建这个企业

对项目所处行业细分市场情况进行分析:市场容量和增长速度、行业的发展趋势、目标客户、行业痛点、用户需求点等。这是为什么做这个项目的逻辑起点。在对需求进行分析时,要着重从目前未被满足的痛点和需求出发,分析目标市场和目标客户的核心需求,最好以政府、协会或咨询机构的权威数据、第三方机构或实际的调研数据为准。在分析需求时,要注意按照"普遍显性、刚需、高频"的原则进行研究。行业痛点、用户刚需、市场容量是为什么做这个项目的主要依据。

3. 为什么由我们来做这个企业

为什么由我们来做这个企业,而不是别人?在创业计划书里,要分析我们进入的细分行业的市场容量有多大?为什么我们能在这个行业里做得比别人好?我们已经掌握了或者可以获得什么样的核心资源?有什么合同、意向书或者订单?对竞争对手的分析,要从对用户需求满足的可替代性选择的角度进行。分析竞争对手时,最好以表格的方式列出细分行业内最主要的竞争对手,以本项目的关键成功因素作为比较维度,针对本项目与潜在竞争对手进行对比分析。比如,可以从技术壁垒、核心团队、用户数据、资源优势、运营策略、融资情况等方面进行分析。

4. 我们为什么能做好这个企业

我们的战略定位是什么(企业做什么,不做什么)?愿景是什么(企业未来会是怎样的)?使命是什么(为企业确立一个基本指导思想、原则、方向、经营哲学等)?目标是什么

（企业发展的终极方向,是指引企业航向的灯塔）? 这些内容表面上看起来很虚,但是很重要,否则,投资者看不清企业未来的走向。

投资者最关心的是融资用来做什么(产品与服务设计问题),用什么吸引消费者(价值主张是什么,企业能给用户带来怎样的使用价值,如何解决用户的关键需求),为谁做(市场定位是什么,细分市场在哪里,消费者定位是什么),用什么做(如何进行上下游资源整合,公司的战略是什么),怎样做出来(生产经营模式问题,产品定位,核心技术、产品研发策略、产品分类及组合策略是什么),做完后如何传达到需求者(市场营销规划是什么),如何进行品牌传播(品牌传播的广告语是什么,产品价格的策略是什么,销售渠道的模式是什么,采取了哪些市场推广方法,交易结构及交易方式是什么),赚哪些钱(盈利模式有哪些,主要利润来源是什么)。

产业价值链分析:根据本行业特征对行业价值链进行分析,本企业价值链定位和组合,公司选择做价值链的哪些环节并形成组合。

收入模式分析:多种收入来源所占的比例,怎样赚钱的,从哪些地方赚钱,何时盈利,我们比同行的平均利润要高多少,如何保证持续赚钱(我们的股东结构、组织框架、团队构成、管理运营体系、市场营销策略等有什么特色与竞争优势,我们如何使客户、供应商、渠道、员工、股东、投资者、社会等利益相关方的价值最大化),如何获得资本(资金来源及投融资结构),如何让更多的人帮我们赚钱(利益相关方的利益满足与价值实现的方式是什么)。

5. 我们的财务预测是什么

财务预测是创业计划书中最重要的部分之一。本部分需要在假设融资到位的情况下,明确今后 3 年到 5 年的财务规划,把重点放在第一年,包括销售收入、纯利润、估值、投资计划、市值规划、融资金额与融资方式、资金用途等。

财务规划要以图表的形式直观说明公司在各阶段的目标市场、拓展区域、商业模式等战略计划。最好能够另外制定一个规范的财务预测模型,反映项目在后续扩张过程中的收入与成本曲线走向。投资人通常会根据财务预测模型提供的计算方法、参数假设、增长预测等数据来判断项目发展后期的运营数据实现的可能性,从而判断项目引入融资之后的理论增长情况。同时,通过财务预测模型,创业者可以更好地模拟剖析项目发展演进的关键因素。

按照以上 5 个方面写创业计划书,可以将准确的市场结构分析、清晰的定位、倍增的收入模式、完整的团队、符合策略的现状、合理的资金使用、靠谱的回报、有准备的风险规避等清楚地展现给投资人。

4.2.3　撰写创业计划书的注意事项

许多高职生在制作创业计划书时,过于追求外观的华丽,精心排版,版面设计非常鲜艳,令人赏心悦目。但是,在精美的设计背后,却没有实质性的内容。如果创业项目不够好,思路不够完善,发展前景不够明朗,再华丽的外衣也没有用,这些问题在刚开始创业的高职生里最常见。在编写创业计划书时,应注意以下 6 个方面的问题。

1）条理清晰，重点突出

成功的创业计划书最吸引人的首先是它清晰的结构，投资者应当很容易找到他们特别感兴趣的点。同样的一份创业计划，根据需要会提供给不同的阅读对象，而不同的阅读对象对创业项目关注的重点和期望不同。创业计划书的读者对象和关注重点见表4.1。创业计划书的撰写不能只使用一个模板，要特别注意根据不同的阅读对象进行动态调整，突出重点和优势。

表4.1　创业计划书的读者对象和关注重点

创业者的读者类型	对创业计划书关注的重点
行业投资者	市场优势、创业团队、投资报酬、退出方式
银行	财务计划、贷款偿付、H保条件、风险控制
创业管理者	公司前景、公司章程、决策机制、薪酬方案
创业团队	公司前景、公司战略、股权结构、公司章程
合作伙伴	公司前景、市场优势、合作条件
应聘的关键员工	公司前景、员工发展、薪酬方案

2）创意新颖，直入主题

高职生制订创业计划书时，要注重简洁，开门见山，主题突出，不绕弯子，让投资者觉得每一句话都有用。创业计划书不要太长，太长显得冗杂；也不要太短，太短显得空洞，以30～50页为宜。

3）条理清晰

事实上，投资者真正关注的是卖什么产品、如何挣钱、能挣多少钱、怎样保证挣钱等问题。在制订创业计划书之前，能够清晰地将这几个问题解释清楚：商业机会、所需要的资源、把握这一机会的进程、风险和预期回报。

4）言简意赅、通俗易懂

良好的语言水平永远是打动投资者的重要手段之一。一个好的创业理念可能因为语言水平不高导致融资失败。试想，如果高职生创业者连创业计划书都讲不清楚，他们又如何把事情做好呢？对创业计划书的语言要进行锤炼：一方面，创业计划书应力求语言生动，能说服投资者；另一方面，要让读者容易理解里面的内容，尽量避免使用过多的专业词汇。

5）强调可信性

创业计划书描述的前景可能很动人，但要真正打动投资者，还要让他们相信这些前景是可以实现的。要做到这一点，需要在撰写创业计划书之前进行充分的市场调研，了解顾客、竞争对手、市场前景等问题，在调研数据的基础上进行财务分析，说明企业将获得的收益。在创业计划书中，数据越充分、越翔实，就越容易让投资者相信预测是可信的。

6）展示团队，借助外力

许多投资机构与其说是投项目，不如说是投团队。创业计划书必须翔实地向风险投资者展示管理团队的情况。创业计划书草案通过后,最好交给公司的专业顾问、律师、会计师、咨询师等润色修改,他们都有与投资方、银行和证券交易所打交道的经验,非常清楚创业计划书中包含的内容应如何陈述,他们会就使用哪类语言表达更合适提出建议,他们修改的创业计划书会更加完善。

4.2.4　创业计划书的完善

创业计划书制作完成后,融资企业还应对计划书进行完善,以确保计划书能准确回答投资者的疑问,增强投资者对本企业的信心。创业者可以从以下 7 个方面加以检查。

①是否显示出创业者具有管理公司的经验。

②是否显示出企业有能力偿还借款,给预期的投资者一份完整的财务报告。

③是否显示出企业已经进行完整的市场分析,让投资者坚信计划书中阐明的产品需求量是确实的。

④是否容易被投资者领会。

⑤是否有计划书摘要,并放在最前面,计划书摘要是否引人入胜。

⑥是否在文字上全部正确。计划书的拼写错误和排版错误很可能使企业丧失机会。

⑦能否打消投资者对产品、服务的疑虑。如果需要,企业可以准备一份产品模型。

 # 4.3　创业计划书展示

创业计划书准备就绪后,需要向投资者展示计划书,主要包括前期准备、演示创业计划书和访谈 3 个基本环节。

4.3.1　前期准备

创业者要认真分析推介对象。风险投资的核心判断标准有 3 个:未来的市场是否足够大? 是否具有成长性? 企业的商业模式是否可行? 或者部分已被证明可行? 创业团队是否优秀? 执行力度够不够强? 前期准备应围绕上述内容展开。创业者在做创业计划推介准备时,要注意训练自己的表达能力,训练自己用 1 分钟表达、阐述创业企业的性质和职能。

4.3.2　演示创业计划书

创业计划书的演示方法多种多样,多数情况下,使用幻灯片演示。演示时,建议创业者按照"10　20　30"的原则做好推介内容、长度和文字表现的准备工作,即 10 张幻灯片、20 分钟时间、30 磅文字来指导推介演讲。

4.3.3　访　谈

创业者与风险投资方的访谈很重要,访谈时,应避免介绍项目时找不到重点、材料和演示工具准备不足、时间把握不好等问题。创业者要直截了当地告诉投资人创业者要做什么产品和服务、怎么赚钱、能赚多少钱、技术先进性如何。准备一简一详两个版本的创业计划书,让投资人在接触项目的 10 分钟内就能判断出这个项目和团队是否具有投资价值。

新企业开办与管理

5.1 新企业开办

5.1.1 新企业的创建条件及法律形式

新企业是指创业者在不确定的环境中，把握创业机会，有效整合创业资源，进行从无到有、从简单到复杂的创新性经济活动的组织。新企业既有动态含义又有静态含义。从动态含义来看，新企业是一种创业活动、创业行为、创业过程；从静态含义来看，新企业是上述活动、行为和过程的结果，是对这种结果的组织描述。

当创业者决定开始创业时，需要做很多事情，其中，比较重要的事情有：考察创建新企业的条件、决定新企业的注册形式、考虑新企业的选址、解决新企业成立时的相关法律问题和伦理问题。企业注册主要遵循相关法律要求即可；企业选址则需要遵循更多的技巧和方法；法律问题和伦理问题经常被新企业所忽视，但对希望实现健康、可持续发展的新企业来说是必须积极应对的。

1）新企业的创建条件

有关学者和业内人士认为，新企业的创建和新事业的诞生是衡量创业者创业行为的直接标志，甚至可以将是否创建了新企业作为个人是否是创业者的衡量标准。不管是在既有企业内部创业，还是创办新企业，创业者都面临时机、地点等要素的选择。创业者在决定创业之前，应清楚自己该不该建立新企业，是否具备建立新企业的一些必要条件。

（1）是否具备创建新企业的外部环境

一个好的外部环境可以为创业者提供建立企业的良好时机。创业需要有适当的制度、政策、金融、市场、科技和人文环境。传统计划经济时期，个人创业困难，其关键在于那时缺少个人创业的经济制度和政策环境。现在，虽然国家和社会对创业都非常支持，但是，创建一个新企业之前同样要考察相关的外部环境。

政府对创业者的帮助和支持表现在对新企业提供包括房产、水电、通信方面的基础设施支持、鼓励创业的财政支持和税收等方面的政策支持，以及对特定行业的发展支持等。没有政府的政策支持，新企业很难在艰苦的、投入大于收益的创业阶段获得持续发展的动力和回报。例如，政府对高科技企业的创办给予了良好的支持，包括制定具有引导性的政策，制定新的法律法规，建立高新技术创业园区、减免部分新企业税收，提高新企业的审批效率，鼓励留学人员创业等。

创业者在做出创业决策时，需要考虑新企业的产品或服务是否符合当地政府的要求，企业的经营业务是否可以得到政府鼓励，能够享受哪些优惠政策，需要履行哪些义务等。

（2）是否具有强烈的创业意识

很多创业者都是在强烈的"做老板"的意识下创建自己的企业,在自己创办的企业里为自己工作,做自己喜欢的事情,实现自己的人生理想和抱负,这也是大多数创业者的创业动机。一个没有"做老板"的欲望的人是无法创业的,因为这样的人没有应对创业挑战、机遇、困难、烦恼的心理准备,即使盲目创业,也会败下阵来。

（3）是否出现了有利的市场机会

市场机会源于创意,但并不是所有的创意都会成为市场机会。大多数经营者在代理其他品牌产品时,往往希望能够存在一个很好的市场机会,使自己的业务有所发展或开拓更多的业务方向。因此,大多数经营者对创意都很敏感,而很多好的市场机会并不是突然出现的,而是对"一个有准备的头脑"的一种"回报"。

寻找市场空白是最直接、最有效地发掘市场机会的方法。市场存在空白意味着存在巨大的消费需求,但问题是创业者本人看到的市场空白其他人往往也能看到,即使创业者是最先看到这片市场空白的人,但也有可能被后来者模仿甚至超越。

（4）是否可以开发出能够填补市场空白的产品

开发出能够填补市场空白的产品,为创业者起步创业提供了最为直接的可能性。

经典案例

"90后"小女孩发明磁性剪纸,一年掘金30万元

2008年9月,王子月到学校报到,成为杭州师范大学医药卫生管理学院医药营销专业的一名新生。之所以选择这所大学,其中一个原因是杭州离义乌很近,能更方便地实现她的创业梦想。

在学校,依托磁性剪纸等几项专利,王子月组建了自己的"飞点儿"磁性剪纸创业团队,尽情地展现自己的才华。2009年6月,王子月在义乌注册了属于自己的公司——义乌市廿分红磁性剪纸有限公司。随后,王子月又与同样抱有创业梦想的同学创立了磁性剪纸文化创意公司。2009年11月1日,王子月带领她的磁性剪纸团队参加了以"励志、成才、就业、创业"为主题的浙江省高职生职业生涯规划大赛,与全省85所高校推选出的300余件作品同台竞技,激烈角逐,并最终荣获此次大赛的最高奖:"双十佳职业规划之星"。

2009年12月24日,王子月的磁性剪纸文化创意公司摘得杭州经济技术开发区"高职生创业训练营暨创业大赛"头奖,获得1万元创业资金。主办方还在杭州市滨江区为王子月提供了免两年租金的写字间。

2010年1月20日,《杭州日报》高职生创业就业俱乐部、高新区(滨江)高职生创业园主办的"相约在高新,创业在年少"杭州市高职生创业创意选拔大奖赛中,磁性剪纸文化创意团队再次荣获金奖,并从主办方手中接过了一份贺岁大礼:5000元奖金和一份价值1万元的创业资助协议书。

（5）是否有能创造市场的商业模式

21世纪，互联网的飞速发展极大地推动了信息的数字化和网络化，信息的获取和传递变得非常容易。一些著名的大公司和中小公司纷纷通过互联网获取和发布信息，直接进行网上交易。借助互联网，消费者可以随时在网上购物，企业也可以利用互联网为消费者提供适时、特定的服务，企业之间可以通过互联网进行产品买卖，互联网蕴藏着巨大的商机。

（6）是否有机会掌握独立创业的独特资源

这里所说的独特资源有很多种，如获得了某种有利于自己独立创业的特许权就是一种独特资源。创业者一旦拥有了这类资源，就不会遇到过多的竞争者，也就不会进入一个拥挤的市场，创业成功的概率会大大提高。

2）新企业的法律形式

当前，中国注册登记的企业法律形式通常包括独资企业、合伙企业和公司制企业3种。对高职生创业者来说，注册登记的企业法律形式基本上也是这3种。

（1）独资企业

独资企业是个人出资经营、归个人所有和控制、由个人承担经营风险和享有全部经营收益的企业。

①独资企业的设立条件。

A. 投资者为一个自然人。

B. 有合法的企业名称。独资企业的名称应当与其责任形式以及从事的营业相符合，不能使用"有限""有限责任""公司"字样，可以是厂、店、部、中心、工作室等。

C. 有投资者申报的出资。设立独资企业，投资者可以用货币出资，也可以用实物、土地使用权、知识产权或其他财产权利出资。

D. 有固定的生产经营场所和必要的生产经营条件。

E. 有必要的从业人员。

②独资企业的法律特征。

A. 在组织结构形式上，独资企业的创办者和投资者是一个自然人。国家机关、国家授权投资机构或国家授权的部门、企业、事业单位等都不能作为独资企业的设立人。

B. 在责任形态上，投资者与其财产对企业债务承担无限责任。投资者如果以家庭共同财产作为投资的，以家庭共同财产对企业债务承担无限责任。这是独资企业区别于有限责任公司和股份有限公司等企业形式的基本特征。

C. 从性质上看，独资企业是非法人企业。独资企业没有独立的资产，企业的财产就是投资人的财产，企业的责任就是投资人的责任。因此，独资企业无独立承担民事责任的能力。独资企业虽然不具备法人资格，但它是独立的民事主体，能够以自己的名义从事民事活动。

（2）合伙企业

合伙企业是指自然人、法人和其他组织依照《中华人民共和国合伙企业法》（以下简称《合伙企业法》）在中国境内设立的企业组织形式，分为普通合伙企业和有限合伙企业。普通合伙企业由普通合伙人组成,合伙人对合伙企业债务承担无限连带责任。有限合伙企业由普通合伙人和有限合伙人组成,普通合伙人对合伙企业债务承担无限连带责任,有限合伙人以其认缴的出资额为限对合伙企业债务承担责任。

①合伙企业的设立条件。订立合伙协议、设立合伙企业应当遵循自愿、平等、公平、诚实信用的原则,并具备以下条件。

A.有2个以上的合伙人,合伙人为自然人,应当具有完全民事行为能力。

B.有书面合伙协议。合伙协议应当载明的事项有:合伙企业的名称和主要经营场所的地点;合伙目的及合伙企业的经营范围;合伙人的姓名及其住所;合伙人出资的方式、数额和缴付出资的期限;合伙企业的解散与清算;违约责任。

C.有合伙人认缴或者实际缴付的出资,可以是货币、实物、土地使用权、知识产权或其他财产权利出资,甚至可以用劳务出资。对出资的评估作价可以由合伙人协商确定。

D.有合伙企业名称。合伙企业在其名称中不得使用"有限"或者"有限责任"字样。

E.有经营场所和从事合伙经营的必要条件。

②合伙企业的法律特征。

A.合伙企业以合伙协议为法律基础。合伙协议是调整合伙关系、规范合伙人权利、义务、处理合伙纠纷的基本法律依据,合伙协议对全体合伙人具有约束力,是合伙得以成立的法律基础。

B.合伙企业须由全体合伙人共同出资,合伙经营。出资是合伙人的基本义务,也是其取得合伙人资格的前提条件。

C.合伙人共负盈亏,共担风险。

D.合伙制企业的数量不如独资企业和公司制企业多,一般在广告、商标、咨询、会计师事务所、法律事务所、股票经纪人、零售商业等行业较为常见。

(3)公司制企业

公司制企业是指根据《中华人民共和国公司法》(以下简称《公司法》),由法定人数以上的投资者(或股东)出资建立、自主经营、自负盈亏、具有法人资格的经济组织。我国公司制企业有有限责任公司和股份有限公司两种形式。当企业采用公司制的组织形式时,所有权主体和经营权主体发生分离,所有者只参与和作出有关所有者权益或资本权益变动的理财决策,而日常的生产经营活动和理财活动由经营者进行决策。

①有限责任公司。由50个以下的股东出资设立,每个股东以其所认缴的出资额为限对公司承担有限责任,公司以其全部资产对公司债务承担全部责任的经济组织。有限责任公司包括国有独资公司以及其他有限责任公司。

A.有限责任公司的设立条件。股东符合法定人数;有符合公司章程规定的全体股东认缴的出资额;股东共同制定公司章程;有公司名称;建立符合有限责任公司要求的组织机构;有公司住所。

B.有限责任公司的法律特征。相对于承担无限责任的组织形式来说,组建有限责任公司的法律风险较小。创业者在组建有限责任公司的过程中,应当根据法律规定规范股东之间的股份分配、权利和义务,规范公司的运作,降低法律风险。创业者设立一人有限责任公司,还应当注意明确个人财产与公司财产,避免个人财产与公司财产混淆。

②股份有限公司。有2人以上200人以下为发起人,公司资本为股份所组成的公司,股东以其认购的股份为限对公司承担责任。

A.股份有限公司的设立条件。发起人符合法定人数;认购或者募集的股本总额符合公司章程规定,达到法定资本最低限额;股份发行、筹办事项符合法律规定;有符合法律规定的公司章程;有公司名称,建立符合股份有限公司要求的组织机构;有公司住所。

B.股份有限公司的法律特征。股份有限公司必须有发起人,发起人既可以是自然人,也可以是法人。发起人中,须过半数在中国境内有住所。发起人认缴和社会公开募集的股本达到法定资本的最低限额。我国《公司法》明确规定,股份有限公司的注册资本应为在公司登记机关登记的实收股本,公司注册资本的最低限额为人民币500万元。发起人制定公司章程,并经创立大会通过。股份有限公司的组织机构由股东大会、董事会、经理、监事会组成。股东大会是最高权力机构,股东出席股东大会,所持每一股份有一表决权。董事会是公司股东会的执行机构,由5~19人组成。经理负责公司的日常经营管理工作。

3)新企业法律形式的选择

不同的企业制度不仅在法律形式与规定上有很大差别,而且其适用程度根据创业者选择的新企业法律制度的不同而存在很大差异。因此,创业者有必要对所选择的新企业的法律形式进行利弊分析。

(1)启动成本分析

对于白手起家的创业者而言,启动成本无疑是他们创建自己企业的第一障碍,越复杂的组织形式,其创办的成本越高。

①相对而言,创办成本最低的是独资企业,只需要有注册企业或商品名的费用。

②合伙企业除注册外,还要订立合伙协议,这就涉及一些专业中介机构的咨询成本和谈判成本。

③公司制企业相对来说比较"昂贵",因为其在成立前需要履行一系列法律规定的程序,这就不可避免地会产生一系列费用。

(2)新企业的稳定性分析

无论是对创业者、投资者还是消费者来说,企业是否能够长久地存续,是否能够稳定地发展下去都是其最关心的问题之一。

①独资企业完全是基于创业者个人的能力、资金等因素建立起来的,如果创业者死亡或个人情况发生改变,独资企业的稳定性就会发生动摇。

②在合伙企业中,合伙人之间的信任是建立合伙企业的基础,合伙人死亡、退出或信赖基础丧失都可能导致合伙企业结束。《中华人民共和国合伙企业法》(以下简称《企业法》)对入伙和退伙都做了具体的规定,退伙包括正常退伙、当然退伙和强制退伙。

③公司制企业在各种企业形式中拥有最好的稳定性。由于董事会在公司治理中起到了

十分重要的督导作用,股东的死亡或退出对企业的连续性基本上没有太大的影响。

（3）从权益的可转让性方面分析

所有者对于企业的权益是否容易转让决定着所有者财产的流动程度。当利润一定时,创业者会努力持有流动性高的资产,反之亦然。

①在独资企业中,创业者有权随时出售或转让企业的任何资产。

②在合伙企业中,除非合伙协议允许或其他合伙人同意,否则合伙人一般无权出售企业的任何权益。

③在公司制企业中,股东在出售企业的权益方面有很大的自由。特别是股份有限公司,一般股东可以在任何时间不经其他股东同意就转让自己的股份。我国《公司法》对股份有限公司的股份转让规定了某些限制,如发起人持有的本公司股份,自公司成立之日起 3 年内不得转让,公司董事、监事、经理应当向公司申报所持有的本公司的股份,并在任职期间内不得转让。

（4）从获得增加资金的方面分析

一般而言,新企业增加资金的机会和能力根据企业形式的不同会有很大差别。

①对独资企业而言,任何新资金只能来自贷款和创业者个人的追加投资。

②合伙企业可以从银行借贷,也可以要求每个合伙人追加投资或者吸收新的合伙人。

③公司制企业有很多途径可以增加资金,比企业的其他法律形式有更多的选择渠道。股份有限公司可以发行股票、债券,也可以直接向银行贷款。

（5）从管理控制方面分析

每种企业形式都会给管理控制和决策责任带来不同的机会和问题。在许多新企业中,创业者通常希望尽可能多地保留对公司的控制权。

①在独资企业中,创业者拥有最大的控制权,可以灵活制定企业决策。

②在合伙企业中,一般由合伙人根据合伙协议协商解决日常和关键性问题。

③公司制企业日常业务的控制权掌握在职业经理的手中,但大股东有权投票决定公司比较重要的长期决策。按照公司制的设计要求,法人公司中的管理权和控制权进行了适当的分离。

（6）从利润与损失的分配方面分析

毋庸置疑,利润最大化和损失最小化是新企业的经营目标。因此,利润与损失的分配问题也是创业者选择企业法律形式时需要着重考虑的问题。

①独资企业的负责人取得企业经营中的所有利润,同时,他们也要为经营中的所有损失承担无限责任。

②在合伙企业中,利润与损失的分配取决于合伙人出资的份额或合伙协议。

③公司制企业一般严格按照股东的出资比例分配利润、承担损失。

（7）从对筹资吸引力方面分析

由于独资企业和合伙企业对企业的债务承担无限责任,因此,任何债务性融资对他们来说都需要慎重考虑和决策。相对而言，公司制企业仅对企业的债务承担有限责任。无论是债务性融资还是权益性融资都对这类公司的吸引力要强许多。当然，公司实力越强，筹资越容易。

5.1.2 新企业的选址与注册登记

1）新企业的选址

创业者走上创业之路，并需要成立一家企业，那么，有一个真正属于自己的、正规的办公场所就显得十分重要。有时候，新企业的选址对新企业的生存起着非常关键的作用。创业者在进行新企业的选址的时候，需要考虑一些具体因素，遵循一定的规范流程。开展具体选址调查时，要符合客观、科学、全面等要求。

（1）新企业选址的重要性

对新企业来说，选址是关系企业发展成败的关键因素。据统计，在开业不足两年就倒闭的企业中，选址不当导致企业失败的数量就占到总量的50%以上。究其原因，一方面，新企业的竞争力受到该地区商业环境质量的强烈影响；另一方面，不同地区存在知识、关系、动机等要素，这些要素具有难以被其他地区竞争对手模仿的特性，构成了该地区独有的地区竞争优势，使新企业难以立足。

（2）新企业选址需要考虑的因素

经济、技术、政治、社会文化、自然等因素都会影响新企业选址的决策。

①经济因素。一般来说，新企业设立在关联企业和关联机构相对集中的地区相对容易获得成功。这是因为，如果相互关联的企业集中在某一地区，该地区的企业将产生一种既竞争又合作的关系，这种关系将推动该地区经济竞争力的发展，共同实现区域繁荣。

②技术因素。由于新技术对高科技企业的成功起着关键作用，因此，相当多的高科技企业在创业选址时，把企业建在技术研发中心附近或新技术信息传递比较迅速的地区，以便在第一时间掌握技术变化的趋势，规避技术进步的不确定性带来的风险。例如，美国的硅谷、我国的中关村等都是根据技术因素选址的典型代表。

③政治因素。新企业必须考虑政府对相关产业的政策，将企业建在政府支持该产业的地区，尤其是进行跨国经营时，创业者必须考虑经营所在国的政治环境，评估该环境可能对企业提供的产品或服务、分销渠道、价格、促销策略等造成的影响。

④社会文化因素。不同地区的社会习俗、文化价值观、生活态度等方面差别很大，社会对安全、健康、营养及环境的关注程度也不尽相同。因此，新企业在选址时，如果不考虑上述因素，其所提供的产品或服务很可能不被其所在地的市场接受。

⑤自然因素。新企业选址时，创业者还必须考虑气候变化、地质状况、水资源可利用性等自然因素，这些因素可能影响企业日常生产经营调度、原材料供给、安全生产等方面。

不同企业考虑影响因素的侧重点不同。制造业往往优先考虑会对生产成本造成影响的因素,如原材料与劳动力;而服务业往往优先考虑对市场造成影响的因素,如消费者的消费水平、市场竞争状况等。

（3）新企业选址的思路

新企业都需要有经营场所,企业的选址与未来的经营发展有着很大的关系。对于创业者来说,将新企业的地点选在哪个城市、哪个区域具有重要意义,尤其是以门店为主的商业或服务型企业,店面的选择往往是成败的关键。好的选址等于成功了一半,大多数创业者都会选择在熟悉的城市、地区(家乡或者学习的城市等)开展创业活动。在选定目标城市后,创业者还需要进一步选择具体的经营地点。不同类型的新企业,在选址上优先考虑的因素是不同的。

①生产性质的新企业选址。生产性质的新企业在选址时要考虑周边地区具备的生产条件:交通方便,便于原料运进和产品运出;生产用电要充足,生产用水要保证;生产使用的原料基地距离企业地址不要太远;使用的劳动力资源尽量就地解决;当地税收是否有优惠政策等。如果是一些可能对环境造成影响的生产项目,还需要考虑环保问题。

②商业性质的新企业选址。商业性质的新企业在选址时应考虑创业地点的实际情况、客流量、店铺租金等因素。如在城市中,若干个商业圈往往可以带动圈内商业的规模效应,新企业选择建立在商业圈内会比较容易经营,但与繁华商业圈寸土寸金的消费能力相对应,店铺租金或转让费也十分昂贵,往往会让创业者捉襟见肘,新企业很难在商业圈内得到一席之地。为此,创业者可以在商业圈内利用联合经营、委托代销等方式,或者在商业圈边缘选址,转向"次商圈",将节约下来的资金用于产品升级、提升服务等。

新企业在选址时要有"借光"的意识,如在体育馆、展览馆、电影院旁边选址等。选择商圈之外的经营场所,则要注意做出特色,形成自己独特的风格,以达到"酒香不怕巷子深"的效果。

③服务性质的新企业选址。服务性质的新企业在选址时要根据具体的经营对象灵活选址,对客流量要求较高。"天下攘攘,皆为利往。天下熙熙,皆为利来。"可以说,客流在一定意义上就等于财流。在车水马龙、人流量大的地段经营,服务性质的新企业成功的概率往往比在人迹罕至的地段要高得多,但也应结合企业的目标消费群体特点。例如,针对居民消费的企业应设在居民社区附近,针对学生消费的企业则应设在学校附近。如果服务性质的新企业的经营模式以订单为主,那么低成本、高效能的办公楼就是新企业选址的首选。目前,创业的年轻人多以从事服务性和知识性产品的创业者为主,他们通常集中在网络技术、电子科技、媒体制作和广告等行业。这些性质的公司可以选在行业聚集区或比较成熟的商务区以及新兴的创意产业园区。

在选择经营场地时,各行业考虑的重点各不相同,其中有两项因素是不容忽略的,即租金给付能力和租约条件。经营场地租金是企业最固定的营运成本之一,即使休息不营业,也得支出。有些货品流通迅速、空间要求不大的行业,如精品店、高级时装店、餐厅等,负担得起高房租,就设于高租金区;而家具店、旧货店等,因为需要较大的空间,最好设在低租金区。

稻香村的选址策略

"对于北京市民来说，春节期间最难买的商品有两样：火车票和稻香村的糕点、元宵。"春节期间，老字号专家、北京市商业企业协会副秘书长高以道总喜欢开这样的玩笑。

作为一家老字号企业，北京稻香村食品有限责任公司（以下简称"稻香村"）2008年的营业额接近20亿元。那时，稻香村在北京有接近100家连锁店，在消费主体更加细分、消费倾向多元化的情况下，稻香村能做到几乎店店赢利，其秘诀何在？

走在北京的大街上，你会发现，繁华的王府井、西单等传统商业街区很少能看到稻香村的食品连锁店。相反，在一些客流量大的车站附近、商圈的外围、大型居住区周边及大型停车场附近，却常常可以看到熟悉的稻香村的身影。

不进商场，远离繁华地段，这种与传统商业完全不同的选址思路正是保证稻香村开店成功的秘诀之一。

稻香村的目标消费者定位在35~55岁的人群。因此，在选址的策略上，稻香村要求商圈内购物人群平均年龄在35~55岁的人数要占总人数的60%以上。在北京的近100家连锁店中，绝大多数都遵循这样的选址原则。2008年全年，稻香村一共新开了30多家连锁店，全部为社区专卖店。

"这样的选址策略不仅降低了租金成本，而且更接近自己的目标消费者。一般两平方千米范围内总能找到最近的一家稻香村。"高以道分析。

"在门面位置的选择上，稻香村要求门面必须是一层临街的独立商铺，最好位于两条道路交叉的拐角位置或者丁字路口的正面。"北京稻香村食品有限责任公司董事长毕国才向《中国经营报》记者强调。

而在这一大原则背后，稻香村在选址上还导入了数字化管理模式，每个备选的地址都要获得地区街道图，标出主要商业街和住宅区位置、外观照片、平面图、立面图、电力供应状况、房屋租金状况、不同时段店铺门前经过的客流量及车流量、门店门前停车场及停车收费情况，还要包括门店门前街道道路状况。有了这些基础数据，将这些调查信息表格输入计算机，进行数据处理、汇总、分析，最终确定哪个位置是最适合的开店地址。

（4）新企业选址的步骤

新企业选址一般要经历市场信息收集研究、多地点评价和最终地点确定等步骤。

①市场信息收集研究。在新企业开始选址时，创业者必须首先根据影响选址的各种因素，自己或借助专业调查机构收集市场信息，并对收集到的信息进行整理分析，信息收集研究的效果将对后期的选址决策产生非常重要的影响。

②多地点评价。对市场上各种信息收集研究后，创业者应得到若干关于新企业厂址的

候选地,此时,可以借助科学的定量方法进行评价。目前,采用多因素综合评价法进行选址较为常见,这种方法首先赋予不同的因素权重,再给不同选择下的各因素打分,最后求各方案的加权平均值得出最佳方案。除多因素综合评价法外,收益分析法、运输模型法、重心法等也可以用于选址评价。

③最终地点的确定。创业者在分析市场信息的基础上,结合所要进入行业的特点和自己企业的特征,运用以上一种或几种方法进行评估后,将最终确定某一候选地为新企业的地址,从而完成选址决策。

(5)商业选址调查

创业者在进行新企业的选址时,只运用技巧并无多大实际用处,还需要明确一个原则:商业选址不是纸上谈兵,单纯依靠看书在头脑中设计选址方案往往不能成功。创业者只有亲自进行实地调查,多看、多听、多问,才能找到适合新企业建立的地点。

市场调查既可以弄清楚店址的具体位置,又可以调查诸如周围环境、客流量大小、店址是否具有发展潜力等问题。而商业选址调查的要点包括选址地人口数量、职业分布、人口年龄层次调查,商店基本设施及竞争者调查,商店周围人群的消费习惯、生活习惯调查,流动人口调查,商圈未来发展调查等。

①家庭状况。家庭状况是影响消费者消费需求的基本因素。家庭状况包括人口数量、收入状况、年龄状况等。

A. 家庭人口数量会对未来的商店销售产生较大的影响。例如,对于由一对年轻夫妻组成的家庭,其购物倾向为追求时尚化、个性化、少量化;对于三口之家(有一个独生子女),其消费需求基本上是以子女为中心的。

B. 每个家庭的平均收入和家庭收入的分配可以明显影响未来的商店销售,与商圈周边邻近家庭收入分配结构相适应的商店往往能够取得较好的效益,而所在地区家庭平均收入的提高,会提高家庭对选购商品数量、质量和档次的要求。

C. 家庭成员的年龄状况也会对商品需求产生影响。例如,老龄化家庭倾向于购买保健品、健身用品、营养食品等;而有儿童的家庭则倾向于购买儿童食品、儿童用品、玩具等。

②人口密度。一个地区的人口密度可以用每平方千米的人数或户数来衡量。人口密度越高,选址商店的规模可相应越大。计算人口密度,可以通过计算白天人口数来实现,即户籍中除去幼儿的人口数加上外地在该地区上班、上学的人口数,减去到外地上班、上学的人口数,随机客流人数不在考察数之内。白天人口密度高的地区多为办公区、学校等地。对白天人口多的地区,创业者应在分析其消费需求特点的基础上经营,如采取延长下班时间、增加便民项目等以适应人群的消费需要。一般来说,人口密度高的地区,如果离商业设施比较近,可以增加到店购物的频率,而人口密度低的地区吸引力低,且消费者光临的次数也少。

③潜在消费者的数量。每个人都可以是商店的消费者,创业者在选择店址时必须了解当地的人口总数、人口密度、人口增长情况、人口年龄结构等。一般来说,人流密集的地方有利于开店,但并非只是人多的地方就适合开店,创业者还要结合商店周围流动人群的特征和

客流规律进行分析。首先,创业者要了解流动人群的年龄和性别,如有些过路者是儿童,则他们可能是快餐店的消费者,而不会是服装店的消费者。其次,要了解行人来往的高峰时间和低谷时间。最后,要了解行人来往的目的和停留的时间。

④行人的去向。在新店选址时,创业者要将来往的客流量作为考虑的重点。同时,来往消费者的去向也是一个非常值得研究的问题,即使是同一个人,由于每次外出购物的目的不同,情况也有所差别,如购买日常生活用品与购买高档艺术品的情况就完全不同。店前经过的行人,有去百货店买东西的,有去吃饭的,有去看电影的。因此,创业者在选址时,应根据人们去向的差异,选择适当的店址。

⑤交通地理条件。商店附近的交通状况会在很大程度上影响商店的经营状况,尤其是住宅区,上班与下班的高峰时间,街道两旁的行人、车辆,可以呈现比较明显的差异。因此,创业者在商店选址时需要考虑交通路线问题。

例如,很多消费者通常会在下班回家途中消费。因此,并不是主干道的旁边才是开设商店的黄金位置。由主干道延伸出的巷弄内,也有很多适合开店的地点。而一般评估巷道内的"黄金店面",多可用漏斗理论,即同一个街口,如果有数家商店,那么位于主干道转进巷道的第一家商店会像漏斗一样,最先吸引消费者入店。

⑥购买力。消费水平取决于收入水平,商店附近人口的收入水平对店址地理条件有决定性的影响。人均收入可以通过抽样调查获取。在选择店址时,创业者应以处于青年和中年的消费者较多、社会经济地位较高、可支配收入较多者的居住区域作为优先考虑的店址。

⑦竞争程度。如果商店经营的是挑选性不强、购买频率较高的日用消费品,在同一地区又有很多同行在恶性竞争,那么势必会影响商店的经济效益。除非新设的商店有特殊的经营风格、能力或不寻常的商品来源,否则很难成功。当然,在某些环境中,上述情况也并不完全如此,有些行业因同行都集中在一起,反而会形成一条别具特色的商业街。因此,在选择经营地点时,创业者要详细了解该地点附近类似商店的数量,这些商店的规模、装修、商品品种、价格以及待客态度如何等,自己的加入将是增加竞争还是互相有利等。

⑧未来有何变化。创业者在进行选址时,要清楚城市建设的规划,包括短期规划和长期规划。有的地点从目前来看是最佳位置,但随着市场的改造和发展将会出现新的变化而不适合开店。反之,有些地点从目前来看不理想,但从规划前景来看会成为有发展前途的新的商业中心。因此,创业者必须放眼未来,从长计议,在了解地区内交通、街道、市政、绿化、公共设施、住宅及其他建设或改造项目规划的前提下,做出最佳地点的选择。

例如,在游乐街开设餐饮店之前,创业者必须事先调查未来几年街道可能发生的变化。在游乐街开设餐饮店需要高额投资,而商店内外装饰所花的费用也很多,因此,选址最重要的条件是能够长期保持餐饮店的繁荣。然而,处在发展中的游乐街,创业者选定的商店地点容易发生变化,新建地下街道、发展超高层建筑等都会给餐饮店带来很大影响,创业者必须在选址时全面考虑。

2)新企业的注册与开业

根据我国相关法律规定,新办企业必须经工商行政管理部门批准登记发放营业执照,并获得有关部门颁发的经营许可证,如卫生许可证、环保许可证、特种行业许可证等。企业只有领取了营业执照,才算有了合法身份,才可以开展各项法定的经营业务。

(1)注册登记

企业只有注册登记,领取了营业执照才是合法的企业,才能取得法人资格,得到国家法律法规的保护,享受国家有关的优惠政策。企业申请登记的事项是指企业在申请登记时应填报的项目,其主要事项有企业名称、住所、法定代表人、注册资金、经营范围、所有制形式、经营形式、从业人数、经营期限等。工商行政管理部门对企业法人申请登记注册事项的核定是企业法人登记注册程序中最重要的一个环节,其意义是企业法人登记注册一经核定,企业即具备法人资格,其权利能力和行为能力随之产生。

新企业注册登记流程如下。

①办理企业名称核准。可以登录所在地的工商管理局网站填写相关信息,办理企业名称登记。企业名称一般由行政区划、字号、行业特点和组织形式 4 个部分组成。下面,以北京(行政区划)时代(字号)信息咨询(行业特点)中心(组织形式)为例进行说明。

企业名称填写完成后可检查是否可用,一般通过工商局网上申办名称预先登记的,无须领取纸质《企业名称预先核准通知书》。需要注意的是,经营范围中的行业名称一定要写规范,如果有特殊经营许可项目,还需要相关部门报审盖章,办理特种行业许可证。

②申领营业执照。企业核名通过后,申办人可以在工商局网上预约现场办理执照申领时间,并准备好所需材料按照预约时间到现场办理。2014 年 6 月 4 日,《国务院关于促进市场公平竞争维护市场正常秩序的若干意见》(国发〔2014〕20 号文)在"(四)改革市场准入制度"中提出"简化手续,缩短时限",鼓励探索实行工商营业执照、组织机构代码证和税务登记证"三证合一"登记制度,各地纷纷响应。"三证合一、一照一码"登记是指申请人向工商行政管理、质量技术监督、税务部门分别申请办理营业执照、组织机构代码证、税务登记证,改为通过"一表申请、一窗受理"的方式向工商行政管理部门申请办理加载统一社会信用代码的营业执照,组织机构代码证和税务登记证不再办理,即加载统一社会信用代码的营业执照代替原营业执照、组织机构代码证、税务登记证、统计登记证的使用功能。

③制章。申办人在申领营业执照后,可以到指定的刻章地点办理企业公章、合同章等的刻制。应届毕业生在自主创业中担任企业法人代表的,需要出具的证明包括:学校就业办公室出具的应届毕业生证明、公安处户政科出具的集体户口证明、公安处治安科出具的无刑事犯罪记录证明。

(2)择日开业

在所有的前置手续全部完成后,创业者就可以择日开业了。这里需要考虑的是开业时间的选择。选择开业时间时,创业者一般要考虑有关部门人员是否有时间参加、天气是否晴朗等,还要考虑是否在节假日等因素。

以上就是自主创业的基本程序,希望能够为有志于自主创业的高职生提供帮助,但是这些还仅仅是创业的前置程序。在顺利开业以后,创业者还面临着维持企业的日常活动,以及

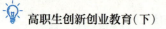

积累资金、发展企业等重要任务,更需要创业者具备相关的经验及胆识。

5.1.3 新企业创建的相关法律问题和伦理问题

新企业的建立不仅需要考虑自身的发展问题,还需要考虑其行为对所在社区和社会的影响。现有的法律制度和伦理要求对新企业成长来说是最基本的底线,只有那些能有效遵守法律制度和相关伦理要求的新企业才能持久发展。

1）新企业创建的相关法律问题

（1）创建新企业需要了解的法律法规

①《中华人民共和国个人独资企业法》(以下简称《个人独资企业法》)。2000 年 1 月 1 日,《个人独资企业法》开始实施。《个人独资企业法》规定了创建独资企业的权利和需要担负的责任,同时,规定了任何单位和个人不得违反法律、行政法规的规定,以任何方式强制独资企业提供财力、物力、人力。对违法强制提供财力、物力、人力的行为,独资企业有权拒绝。《个人独资企业法》强有力地保证了个人自主创业将有一个更为宽松的法律环境和政策环境。

②《中华人民共和国合伙企业法》(以下简称《合伙企业法》)。2007 年 6 月 1 日,新修订的《合伙企业法》开始实施。出于促进我国创业投资发展的目的,新修订的《合伙企业法》增加了有限合伙,为风险投资扫清了法律障碍,促进了科技创新投入。

有限合伙主要适用于风险投资,由具有良好投资意识的专业管理机构或个人作为普通合伙人,承担无限连带责任,负责企业的经营管理。作为资金投入者的有限合伙人享受合伙收益,对企业债务只承担有限责任。有限合伙因具有避免双重纳税、出资人有限责任等优点,受到投资者和创业者的青睐。

③《中华人民共和国公司法》(以下简称《公司法》)。2023 年 12 月 29 日,新修订的《公司法》通过,自 2024 年 7 月 1 日起施行。新《公司法》的实施对想要创业的高职生来说是一个令人振奋的消息,因为新《公司法》将注册资本实缴登记制改为认缴登记制,放宽了注册资本登记条件,简化了登记事项和登记手续。新修订的《公司法》进一步明确、规范了公司的组织和行为,保护公司、股东、职工和债权人的合法权益,维护社会经济秩序,促进社会主义市场经济的发展。

📊 经典案例

《公司法》2023 年修订内容

2023 年 12 月 29 日,第十四届全国人民代表大会常务委员会第七次会议表决通过新修订的《公司法》,自 2024 年 7 月 1 日起施行。新《公司法》对有限责任公司认缴登记制进行了完善,明确全体股东认缴的出资额由股东按照公司章程的规定自公司成立之日起 5 年内缴足。同时,新《公司法》施行前已登记设立的公司,出资期限超过本法规定期限的,除法律、行政法规或者国务院另有规定外,应当逐步调整至本法规定的期限以内。对于出资期限、出资数额明显异常的,公司登记机关可以依法要求其及时调整。具体实施办法由国务院另行规定。

1.《公司法》规定 5 年认缴期限的必要性

自 2013 年《公司法》修改国家全面实施注册资本认缴登记制以来,有效解决了实缴登记制下市场准入资金门槛过高制约创业创新、注册资金闲置、虚假出资验资等突出问题。注册资本认缴登记制度放宽了市场准入限制,提高了股东资金使用效率,降低了资本登记交易成本,强化了公司主体责任,在推进公司治理现代化、夯实经济发展微观基础、优化营商环境等方面发挥了积极作用。据统计,我国公司数量从 2014 年的 1303 万户,增长至 2023 年 11 月底的 4839 万户,增长了 2.7 倍,其中,99% 属于小微企业。

实践中也产生了盲目认缴、天价认缴、期限过长等突出问题,为数不少的公司出资期限超过 50 年、出资数额上千亿,违反真实性原则,有悖于客观常识。上述问题,一方面虚化了注册资本表示公司资金信用的作用,增加了市场交易信用的判断评估成本,出现公司多年实际出资为“零”的现象。另一方面,在法律制度层面弱化了对公司股东出资的法律约束,客观上影响了投资的真实性和有效性,加大了发生债权股权纠纷的概率。新《公司法》对认缴登记制的完善,既坚持守正创新,又以问题为导向,在保留认缴登记制的前提下,强化了对股东出资期限的制度性约束,对于保障交易安全、保护债权人利益必将发挥积极作用。

2.《公司法》5 年认缴期限规定的适用

为避免新设公司和存量公司适用注册资本法律制度的不一致,强化法律适用的统一性,减少对绝大多数正常经营的存量公司的影响,充分考虑经营主体类型、行业领域等复杂情形,研究为存量公司设定一定年限、较为充裕的过渡期,按照新《公司法》要求,分类分步、稳妥有序地将存量公司的出资期限调整至新《公司法》规定的期限以内。对于公司具有法律、行政法规或者国务院决定另有规定的特殊情形的,可以不适用 5 年认缴期限规定。

对于出资期限、出资数额明显异常的公司,公司登记机关可以依法要求其及时调整。对于“明显异常”的界定,将根据公司登记数据客观分析和实际工作情况作出科学规定,受到影响的将是明显违反真实性原则、有悖于客观常识的极少数公司。上述规定有利于新《公司法》平稳有序实施,可以有效减少对经营主体的短期集中冲击,更好提振发展信心,稳定社会心理预期。

下一步,在国务院制定具体实施办法时,有关方面还要深入调研论证,充分分析经营主体可能存在的问题困难,有针对性地出台政策措施,简化优化减资、文书等办理手续,引导存量公司修改章程合理调整出资期限、出资数额,稳妥审慎推进相关工作。特别是在判断对存量公司注册资本出资期限、出资数额明显异常时,公司登记机关要充分听取当事人说明情况,综合研判,避免一刀切,科学有序引导公司诚信履行出资义务。

3.《公司法》保障股东如期履行出资义务

从激发经营主体活力和保障交易安全的角度,为规范公司认缴出资行为,营造诚实守信的市场环境,新《公司法》将实缴出资信息作为公司强制公示事项,明确违反公示法律责任的行政处罚。新《公司法》规定,公司应当通过国家企业信用信息公示系统公示有限责任公司认缴和实缴的出资额、出资方式和出资期限,进一步加强了公司的信息公示义务,明确了对未按规定公示实缴出资相关信息或者隐藏真实情况、弄虚作假的,市场监管部门应当责令改正,并对公司、主管人员及其他直接管理人员处以罚款。上述规定有利于督促公司及时准确履行公示义务,有利于强化社会监督、保护交易安全、建设诚信的市场环境。

④《中华人民共和国劳动合同法》(以下简称《劳动合同法》)。企业的发展和壮大离不开对人才的需求,企业聘用员工涉及劳动法和社会保险问题,管理者需要了解劳动合同、试用期、服务期、商业秘密、竞业禁止、工伤保险、养老金、住房公积金、医疗保险、失业保险等诸多规定。2008年1月1日正式实施的《劳动合同法》,提高了用人单位的法律责任和违法成本,对此,高职生创业者应予以高度重视。2013年7月1日,新修订的《劳动合同法》开始实施,主要对劳务派遣方面进行了修订。

⑤保证是指保证人和债权人约定,当债务人不履行债务时,保证人按照约定履行债务或承担责任的行为。高职生创业者在创业过程中难免会遇到资金融通、商品流通等现实问题,遇到这些问题时,创业者可能会因为借贷(或其他原因)向他人提供担保或由他人为自己提供担保。《中华人民共和国民法典》规定了多种担保方式,包括人保、物保和金钱担保等,明确它们之间的区别和利弊是企业正确进行担保的前提。

⑥《中华人民共和国票据法》(以下简称《票据法》)。企业运营中,必然会涉及汇票、本票和支票等票据的使用。票据是怎样分类的,《票据法》规定的票据有哪几种,这些问题在企业使用票据时都会出现。作为企业的创建者,创业者应清晰地了解票据知识。票据的签发、转让、承兑、保证等显示了以金钱利益为内容的企业财产关系是否清晰分明。因此,了解票据的种类、明确票据当事人之间的权利和义务是高职生创业者在创办企业前的必修课。

(2)创建新企业时面临的法律问题

一般来说,新企业在创建过程中面临的法律问题主要包括知识产权、合同、税收、商业秘密等方面的问题。

①知识产权。知识产权是指人们对从事创造性智力劳动而取得的知识、智能性成果享有的权利。知识产权一般只在有限的时间内有效。各种智力创造如发明、文学和艺术作品,以及在商业中使用的标识、名称、图像及外观设计,都可以被认为是某一个人或组织所拥有的知识产权。虽然知识产权并非有形实物,但它也是创业者的重要资产。现实中,很多创业者并不了解知识产权的相关知识,忽视了对知识产权进行有效的保护或出现侵犯他人知识产权的情况。这些情况都会对新企业造成严重影响。

A. 知识产权的特点。与其他权利相比,知识产权具有如下特点。

a. 知识产权是一种无形财产,企业对其享有无形财产权。

b. 一个企业知识产权的确认必须经由国家专门的立法机构进行办理。

c. 双重性。知识产权既有某种人身权的性质,又有财产权的性质(商标权除外)。

d. 专有性。知识产权的专有性是指知识产权为权利主体所专有,具有排他性。

e.地域性。知识产权的确立只能在本国生效,在其他国家所有者拥有的知识产权不受法律保护。

f.时间性。知识产权的保护是有时间限制的,只有在规定的时间内,才能受到法律的保护。

B.知识产权的种类。知识产权主要包括专利权和商标权等。

a.专利权。《中华人民共和国专利法》(以下简称《专利法》)将专利定义为受法律规范保护的发明创造,专利权是指一项发明创造向国家审批机关提出专利申请后,经依法审查合格后向专利申请人授予的在规定时间内对发明创造享有的专有权。

《专利法》所称的发明创造是指发明、实用新型和外观设计。发明是指对产品、方法或者其改进提出的新的技术方案;实用新型是指对产品的形状、构造或者其结合提出的适于实用的新的技术方案;外观设计是指对产品的形状、图案或者其结合以及色彩与形状、图案的结合做出的富有美感并适于工业应用的新设计。

专利属于知识产权的一部分,是一种无形财产。与有形财产相比,其具有特别之处,这些特别之处主要表现在排他性、区域性、时间性。排他性是指只要在专利权有效期和法律管辖区内,任何单位或个人未经专利权人许可都不得实施其专利,否则属于侵权行为。区域性是指专利权是一种有区域范围限制的权利,只有在法律管辖区域内有效,同一发明可以同时在两个或两个以上的国家申请专利,获得批准后其发明便可以在所有申请国获得法律保护。时间性是指专利只有在法律规定的期限内才有效。在我国,发明专利权的期限为20年,实用新型专利权和外观设计专利权的期限均为10年。

对以下几种情况,国家将不授予专利权:科学发现,智力活动的规则和方法,疾病的诊断和治疗方法,动物和植物品种,用原子核变换方法获得的物质,对平面印刷品的图案、色彩或两者的结合做出的主要起标识作用的设计。

经典案例

专利起家,创业成功

半年拿了8项国家专利,其中一项专利被建筑公司以8万元的价格买走。创办武汉晟博亚科知识产权咨询服务有限责任公司,担任CEO,并聘请3名硕士、博士作为技术人员,他就是武汉工商学院电子商务学院大二学生董亚伦。

1.一项专利以8万元被买走

董亚伦从小就对发明创造有着浓厚的兴趣,常常自己拆卸和安装遥控赛车、遥控器的零部件,平时则随时记录自己关于发明创造的想法。

大一上学期,董亚伦从一家创新公司老板的讲座中对专利有了一些了解。之后,他接连阅读了3本相关书籍,萌生了要将自己发明创造的设想付诸实践并申请国家专利的想法。"只要善于观察,发明创造并不是很难。我的所有发明创造灵感都来源于生活。"董亚伦说。

大二时,董亚伦的遥控防盗行李箱专利被广东省梅州市广宇建筑工程有限公司以8万元的价格购买。这项专利的创意来源于大一时全校寝室大调整。"当时,我从 9 栋搬到 2 栋,约有 1 千米路,行李特别多,搬起来很费劲。于是,我就想到如果行李箱自己能'走路'就好了。"有了想法后,董亚伦立即开始查阅相关书籍。之后,董亚伦根据遥控赛车的原理,制造了一个可以遥控的行李箱。可单单这个技术含量还远远不能申请发明专利。于是,董亚伦又在行李箱上安装了能向遥控器发送电磁波的芯片,行李箱离遥控器超过 10 米就会发出警报声,行李箱就实现了既可"走路"又可防盗的功能。

此外,董亚伦还获得了新型楼梯、一种集中于手机内部的散热系统、空气检测启停装置、一种自动化洗车装置、新型可拓展雨伞、一种家用水过滤净化机、废旧氟利昂处理工艺 7 项国家专利。

2.创办公司当老板,本科生管理博士

有了多次成功申请国家专利的经验后,董亚伦发现自己已经"上瘾",一旦有一点点小想法就会立马查阅书籍,动手实践。慢慢地,董亚伦成了"专家",对专利申请流程、材料撰写、法律知识等十分熟悉。于是,他萌生了开办知识产权咨询服务公司的想法。

"很多老师和学生在申请国家专利和技术完善方面并不在行,最终导致发明没有得到认可。我为什么不能开一家能为他们提供专利咨询、专利申请代理、专利孵化、专利转让、软件版权著作等服务的公司呢?"董亚伦说。于是,刚上大二不久的董亚伦用自己的国家专利在招商银行贷款 20 万元,开办了武汉晟博亚科知识产权咨询服务有限责任公司,担任 CEO,并在网上招聘了安徽理工大学的一名博士和一名硕士,以及武汉理工大学的一名硕士。

如今,董亚伦的公司半年营业额已达 16 万元,为全国众多高校师生申请到 168 项国家发明专利。"公司现在每月收益有三四万元,平均给每位员工发六七千元工资。由于还处于起步阶段,员工的技术能力都比我强,因此,我没想过要赚钱,重要的是不辜负员工对我这个'90 后'的信任。"董亚伦诚恳地说。

董亚伦把公司的运营管理与自己所学的电子商务专业相结合,目前,其公司 70% 的客户都来自互联网。

b.商标权。世界知识产权组织(World Intellectual Property Organization, WIPO)在其官方网站上给出了商标的定义:商标是将某商品或服务标明是某具体个人或企业所生产或提供的商品或服务的显著标志。根据《中华人民共和国商标法》(以下简称《商标法》)的规定,经商标局核准注册的商标为注册商标,包括商品商标、服务商标和集体商标、证明商标;商标注册人享有商标专用权,受法律保护。

集体商标是指以团体、协会或者其他组织名义注册,供该组织成员在商事活动中使用,以表明使用者在该组织中的成员资格的标志。证明商标是指由对某种商品或者服务具有监督能力的组织所控制,而由该组织以外的单位或者个人使用于其商品或者服务,用以证明该商品或者服务的原产地、原料、制造方法、质量或者其他特定品质的标志。

为了避免商标的侵权行为,新企业在成立之初为自己的企业选择商标时,应遵循以下 5 个基本准则。

第一，新企业要花费一定的时间与精力调查自己所选商标的使用情况。

第二，针对商标问题咨询律师意见，如果律师不同意使用该商标，那么在大部分情况下这个商标是有问题的。

第三，寻找一个有创新性的商标。

第四，在营销的过程中，为自己的商标选择一个独特的暗示符号，给消费者留下深刻的印象。

第五，避免恶意模仿，如运用相同音不同字的商标，否则会给自己的新企业带来不必要的麻烦。

根据我国《商标法》第十条规定，下列标志不得作为商标使用。

第一，同中华人民共和国的国家名称、国旗、国徽、国歌、军旗、军徽、军歌、勋章等相同或者近似的，以及同中央国家机关的名称、标志、所在地特定地点的名称或者标志性建筑物的名称、图形相同的。

第二，同外国的国家名称、国旗、国徽、军旗等相同或者近似的，但经该国政府同意的除外。

第三，同政府间国际组织的名称、旗帜、徽记等相同或者近似的，但经该组织同意或者不易误导公众的除外。

第四，与表明实施控制、予以保证的官方标志、检验印记相同或者近似的，但经授权的除外。

第五，同"红十字""红新月"的名称、标志相同或者近似的。

第六，带有民族歧视性的。

第七，带有欺骗性，容易使公众对商品的质量等特点或者产地产生误认的。

第八，有害于社会主义道德风尚或者有其他不良影响的。

县级以上行政区划的地名或者公众知晓的外国地名，不得作为商标。但是，地名具有其他含义或者作为集体商标、证明商标组成部分的除外；已经注册的使用地名的商标继续有效。

根据我国《商标法》第十一条规定，下列标志不得作为商标注册。

第一，仅有本商品的通用名称、图形、型号的。

第二，仅直接表示商品的质量、主要原料、功能、用途、重量、数量及其他特点的。

第三，其他缺乏显著特征的。

经典案例

王老吉商标之争

2000年，作为王老吉商标的持有者，广州医药集团有限公司（以下简称"广州集团"）与加多宝母公司鸿道集团签署合同，约定其对"王老吉"商标的租赁期限至2010年5月3日。此后，双方签署了两份补充协议，将商标租赁时限延长。但由于鸿道集团贿赂广药集团原总经理300余万港元，又续签10年。2011年12月，双方正式对簿公堂。380多天后，仲裁结果才最终宣布。

北京市第一中级人民法院于2012年7月13日对价值1080亿元的"王老吉"商标合同争议案进行终审判决，驳回鸿道集团关于撤销王老吉仲裁结果的申请。这意味着持续达445天的"王老吉"商标案件正式以广药集团的完胜大结局。广药集团收回鸿道集团的红色罐装及红色瓶装"王老吉"凉茶的生产经营权。

根据裁决书，广药集团与鸿道集团签订的《"王老吉"商标许可补充协议》和《关于"王老吉"商标使用许可合同的补充协议》无效；鸿道集团停止使用"王老吉"商标；双方各负担50%仲裁费。该裁决为终局裁决，自做出之日起生效。

广药集团胜诉后，倪伊东称，将保留向鸿道集团追诉自2010年5月3日起损失的权利，所要求赔偿金额内部还在商议中，尚未确定。

②合同。合同是当事人或当事双方之间设立、变更、终止民事关系的协议。合同依法成立后，受法律保护。新企业在开始生产经营时涉及与供应商、客户等签订合同，这要求创业者必须了解我国与合同相关的法律法规。

③税收。税率直接关系到新企业能否建立和续存。如果税率很高，创业者就只能保留所赚利润的一小部分，可获得的潜在利润会变得很少，不足以抵消创建新企业所带来的风险。

在独资企业、合伙企业和公司制企业这3种企业形式中，公司制企业只承担有限责任，风险相对较小。独资企业和合伙企业由于要承担无限责任，风险较大。尤其是独资企业，还存在增值税一般纳税人认定等相关法规不易操作的问题，增加了企业风险。

在中国创业领域，比较重要的税种包括流转税（增值税、营业税、消费税和关税）和所得税（个人所得税和企业所得税）。此外，还涉及一些新企业当地的税种。需要注意的是，只有公司制企业适用企业所得税，独资企业、合伙企业不适用企业所得税，适用个人所得税。创业者在选择创业所在地和企业形式时，应考虑这些税收政策，充分运用合理的税收策略，实现税后利润最大化。

④商业秘密。《中华人民共和国反不正当竞争法》第九条规定，商业秘密是指不为公众所知悉、能为权利人带来经济利益、具有实用性并经权利人采取保密措施的技术信息和经营信息。

商业秘密可以分为两大类，即技术信息和经营信息。技术信息为技术所承载的信息，主要包括两种类型：有形的技术信息（技术设计、技术样品、工艺流程、工业配方、计算机程序等）和无形的技术信息（员工的技能及经验等）。经营信息是指技术信息以外的能够给权利人带来竞争优势的用于经营的信息，包括两种类型：与市场有关的商业情报和信息（客户名单、货源、标书标底、谈判方案等）、与经营管理有关的资料和信息（发展规划、竞争方案、管理诀窍等）。

商业秘密有可能会产生泄密问题，因此，企业有必要采取相应的措施来保护自己的商业秘密。

2）新企业创建的相关伦理问题

创业伦理是人们在创业过程中调整人与人、人与职业、人与社会之间关系的所有行为规范的总和。创业伦理的主要功能是约束和引导人们的创业行为,使其在社会通行准则可接受的范畴之内,维护正常的创业秩序,为创业成功提供道德保障。

创业伦理包含责任、诚信、服务等内容。责任是指创业者不仅要将创业视为满足个人职业要求的有效途径,而且要将其视为社会作出贡献、为民族进步、为国家分忧的个人责任,通过创业,承担个人、社会、民族、国家的责任。诚信是指创业者在其创业活动中遵纪守法、诚恳待人、信守承诺,不因外部因素影响放弃内心操守,坦率面对自己。服务是指创业者以服务为核心,通过服务客户、服务社会、服务民族获得个人、企业在现实社会中的生存空间和发展空间,在达成个人创业理想的同时造福他人与社会。具体来说,创业者在创业过程中应体现以下伦理道德素质。

①捍卫本企业制定的道德准则、价值规范。

②强化本企业在业界和社会的形象和声誉。

③维持本企业的道德责任感,以诚信为原则。

④永远以客户的需求为第一考虑,时刻为客户着想。

⑤确实掌握生产和服务成本,获取合理利润。

⑥确保安全性和效率。

⑦避免违法和不道德的行为。

5.2　新企业管理

5.2.1　新企业的生命周期理论

企业就像所有的生命体一样具有生命周期,处于不同时期的企业具有不同的特征,面临不同的问题,而新企业面临的问题则更加严峻。因此,要想使新企业能够快速发展、健康成长,创业者必须做好成长管理工作。

1）企业生命周期阶段的划分

企业生命周期阶段的划分有多种不同的方法。迄今为止,已有 20 余种企业生命周期理论模型问世。不同的学者对生命周期的阶段划分数目不同,有 3 段、4 段、5 段、7 段甚至 10段等,其中,影响最大的当数伊查克·爱迪思(Ichak Adizes)的分法。爱迪思将企业生命周期分为 3 个阶段、10 个时段。3 个阶段分别为成长阶段、再生与成熟阶段、老化阶段。其中,成长阶段包括孕育期、婴儿期和学步期 3 个时段;再生与成熟阶段包括青春期、盛年期和稳定期 3 个时段;老化阶段包括贵族期、官僚化早期、官僚期和死亡期 4 个时段。企业生命周期如图 5.1 所示。

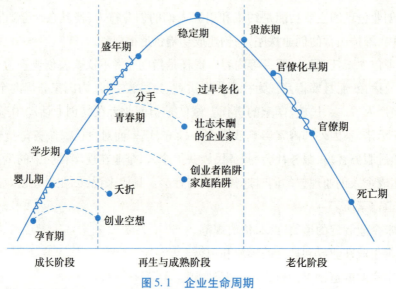

图 5.1　企业生命周期

在总结国外企业生命周期理论模型的基础上,国内一般以企业年龄、规模、成长速度等因素为划分依据,将企业的生命周期划分为创业期、成长期、成熟期和衰退期 4 个阶段。企业生命周期的 4 个阶段如图 5.2 所示。

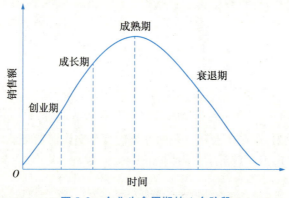

图 5.2　企业生命周期的 4 个阶段

2)企业生命周期阶段的特点

企业生命周期各个阶段的特点非常鲜明。

(1)创业期

当创业者将创业计划付诸实践后,企业便进入创业期。创业者敢作敢为,常常把所有的事情都看作商业机会,他们更愿意按照人而不是职能来组织企业。在这一阶段,如果创业者的胆识建立在足够理性的基础之上,把握机会,大胆进取,不仅极有可能取得成功,而且在这一过程中,可以建立起创业者的领导权威。反之,则可能为企业的发展种下祸根。

创业期是新企业初创阶段,企业的生存能力还比较弱,企业的财务资源、人力资源、技术水平、治理结构和管理制度都十分有限,而品牌等无形资产可以说是一片空白。人们对企业的产品尚未接受,销售增长缓慢。企业负担较大,通常没有利润甚至亏损。实力弱小、经验不足的企业不得不面临创业空想、资金不足、生产不稳定、创业团队成员分道扬镳甚至企业夭折等问题。

在创业期,生存是企业压倒一切的目标。在这一阶段,企业的可塑性强,主要工作是设计、制定战略,并制订经营计划,为企业未来的发展制定长远的规划。创业者应解决的关键问题是为企业的发展争取良好的商业环境,避免产品定位失当的陷阱。同时,注意对人、财、物的恰当投入,确保企业的正常运转。

（2）成长期

企业经过创业期存活下来,就会较快地转入成长期。为了进一步占领市场、增强盈利能力,企业在产品或技术上的创新开始增多、增强,企业充满活力。成长期是企业发展最快的时期。企业的经济实力增强,市场占有率提高,员工人数增加,主业日益明确,抵御市场风险的能力加强。在成长期,企业会出现新的格局,企业产权结构可能会发生变化,股权开始出现多元化或社会化发展,创业者雇请职业经理人（如 CEO）,自己逐渐从管理层淡出,并逐步推行授权管理和规范化管理。

与创业期相比,在成长期,创业者所要面对的是更多、更新的问题。企业的成长期是矛盾多发期,这些矛盾主要与股权资源优化、贡献利益分享、组织结构变革和文化冲突有关。在这一时期,企业一般都会经历剧烈的变革,如何在企业中注入新的理念和活力,克服巨大的成本压力,快速响应消费者多样化的需求,整合现有业务实现业务转型等,都是这一时期企业需要面临的巨大挑战。

成长期企业的经营更为合理,更具获利能力,但同时也出现了衰退期的前奏。在这一时期,变革创新对企业未来的成功显得至关重要。处在成长期的企业应高度重视战略管理,使企业的业务内涵更加清晰,主业更加明确,管理更有章法。同时,使文化和组织结构更能适应企业发展的需要,否则,企业将会在一系列冲突与变革中提前走向衰亡。

（3）成熟期

进入成熟期,意味着企业进入盛年期和稳定期,这是企业生命周期中最理想的黄金阶段。在这一阶段,企业的灵活性和可控性达到平衡,既不过于幼稚也不会老态龙钟,并具备年轻和成熟、纪律和创新的双重优势。

由于能够顺利进入成熟期的企业往往规模较大,市场占有率较高,竞争对手已不太容易撼动其在市场中的地位,因此不再需要做大量的投入就能获得比较高的效益。但在这一阶段,企业人员趋向于保守,企业内部的关系网日益重要;企业收入常用在控制系统、福利措施和一般设备等方面;讲究做事的方式,讲究穿着与称谓;缺乏创新,拘泥传统等。

处于成熟期的企业不应满足于保持既得利益和地位,而要积极进取,重视消费者需求,注意对市场的响应速度,提升消费者的满意度和市场美誉度。企业要力戒形式主义和官僚主义,加强变革管理,避免机构臃肿、人浮于事等弊端。企业要进一步增强自主创新的能力,通过国际化、战略联盟等手段,练就在国内和国际两个市场、在物理和虚拟两个空间都能作战的本领,加强对未来趋势的研究和判断,避免核心能力的刚性化。对一个谋求长治久安的企业而言,接班人十分重要,创业者在成熟期要将接班人的遴选和培养问题提上议事日程。

（4）衰退期

企业发展到衰退期时,产品的销量和利润持续下降,产品在市场上已经老化,不能适应市场需求,市场上已经出现其他性能更好、价格更低的新产品,足以满足消费者需求。因此,处在衰退期的企业的市场占有率大大降低,企业运营机制老化,盈利能力下降,面临被市场淘汰的风险。

企业并不是必然走向衰退和死亡的,而是可以摆脱衰退和死亡的厄运,实现蜕变和复兴的。企业只要通过重塑组织愿景,再造工作流程,重新规划工作架构,掌握市场焦点,不断创立新业务,不断注入新技能、使命和适应环境变化的反射能力,就可以塑造崭新的企业形象,改变衰退的状态。在投资组合、资源分配、运营战略等方面,就会有健康的表现。

5.2.2 新企业的管理

1）新企业的财务管理

财务管理是企业管理的一部分,是有关资金的获得和有效使用的管理工作。对企业而言,牢牢把握企业的财务状况至关重要,如果企业在财务上运转不灵,则很难长久存活。

（1）财务管理的职能

财务管理的职能(图5.3)分为财务决策、财务计划和财务控制。这里的财务计划专指期间计划。期间计划是针对一定时期的(如一年),编制目的是落实既定决策,明确本期间应完成的全部事项。财务控制是执行决策和计划的过程,包括对比计划与执行的信息、评价下级的业绩等。期间计划和控制都是决策的执行过程。

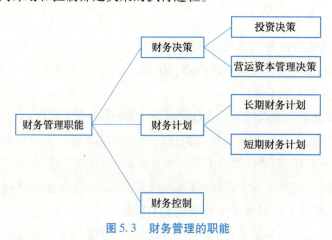

图5.3　财务管理的职能

（2）财务管理的目标和原则

①财务管理的目标。在财务管理目标方面,大多数创业企业都要面对 4 个主要的财务目标,即盈利性、流动性、效率和稳定性。理解这些目标,有利于企业财务步入良性轨道,帮助企业对上述问题做出满意的回答。

A. 盈利性。盈利性是企业赚取利润的能力。许多新企业在成立的最初 3 年需要培训员工并树立品牌,因此,一开始并不会获得盈利。但企业必须获得盈利,才能保持运转并向所有者提供回报。

B. 流动性。流动性是企业偿还短期债务的能力。即使企业能够盈利,企业也必须保证在银行里有足够的钱及时满足日常贷款需要。为此,企业必须时刻关注应收账款和存货。应收账款是客户欠企业的货款,而存货则是企业的货物、原材料和待售产品。如果企业的这两项资产都过高,很难保证企业有足够的现金来满足短期债务的需要。

C. 效率。效率是相对于收益和利润而言的,是企业利用其资产的生产效率水平。以美国西南航空公司为例,该企业利用资产的生产效率水平非常高,其飞机在港停泊时间或飞机在地面卸货和装填货物的停留时间在航空企业中是最短的。美国西南航空对此的解释是:停在地面上的飞机不能带来任何价值,我们需要飞机尽快返回空中。

D. 稳定性。稳定性是企业整体财务状况的活力与实力。稳定的企业,不仅能够赚取利润、保持资金流动性,而且能够控制企业债务。如果企业不断向贷款者借款,企业的权益负债率就会过高,这对企业偿还债务非常不利,会使企业的财务水平难以满足企业持续成长的需要。

经典案例

财务管理中的常用术语

1. 资产

资产是指过去的交易、事项形成并由企业拥有或者控制的资源。该资源预期会给企业带来经济利益。

2. 负债

负债是指由过去的交易或事项引起的公司、企业的现时义务。这种义务需要公司、企业在将来以转移资产或提供劳务加以清偿,从而引起未来经济利益的流出。

3. 所有者权益

所有者权益是公司、企业投资人对公司、企业净资产的所有权,是公司、企业全部资产减去全部负债后的余额。

4. 收入

收入是企业在销售商品、提供劳务及让渡资产使用权等日常活动中形成的经济利益的总流入。这种总流入表现为资产的增加或债务的清偿。

5. 费用

费用是指企业在生产和销售商品、提供劳务等日常活动中所产生的各种耗费,是经济利益的流出。

6. 利润

利润是公司、企业在一定期间内生产经营活动的最终财务成果,即收入与费用相抵后的差额,利润是反映公司经营成果的最终要素。

7. 流动资产

流动资产是指可以在 1 年(含 1 年)或者超过 1 年的一个营业周期内变现或者耗用的资产,主要包括现金、银行存款、短期投资、应收及预付款项、存货、待摊费用等。

8. 固定资产

固定资产是指使用年限在 1 年以上、单位价值在规定标准以上,并在使用过程中保持原有物质形态的资产,包括房屋建筑物、机器设备、运输设备、工具器具等。

9. 折旧

折旧是指根据固定资产在整个使用寿命中的磨损状态确定的成本分析结构。

10. 流动负债

流动负债是指将在 1 年(含 1 年)或者超过 1 年的一个营业周期内偿还的负债,包括短期借款、应付票据、应付账款、预收账款、应付工资、应付福利费、应付股利、应缴税金、其他暂收应付款项、预提费用和 1 年内到期的长期借款等。

其中,第 1 项至第 6 项是会计的 6 个基本要素。

②财务管理的原则。财务管理的原则是企业财务管理工作必须遵循的基本准则,是从企业财务管理实践中抽象出来的并在实践中得以证明是正确的行为规范。财务管理的原则反映了企业财务管理活动的内在本质要求。企业财务管理主要遵循以下原则。

A. 价值最大化原则。企业价值最大化既是财务管理的目标,又是财务管理的一项基本原则。企业财务管理的一切管理活动都要按照价值最大化的原则来进行。在整个经营过程中,财务管理人员要严格控制企业各项投入与产出、耗费与收入、盈利与亏损,努力使企业的资金在系统价值观念的指导下得以高效运行。

财务管理还应将价值最大化的基本理念贯穿于企业财务的预测与决策、编制财务计划、进行财务控制、开展财务考核与分析等财务管理活动中,自觉运用价值管理的有效手段,促使企业在整个经营与投资等资金运作过程中保持稳定和高效,确保企业价值最大化目标的实现。

B. 风险与收益均衡的原则。财务管理的目标是企业价值最大化,这种价值最大化与收益均衡前提下的风险价值紧密相连的。高风险、高收益是市场经济的基本规律,如何在收益与风险之间取得均衡,做到既不盲目冒险又不过于保守,取决于企业的风险意识和财务管理的正确决策。

在企业的各项财务管理活动中,要十分慎重地对各种风险因素进行深入研究和仔细分析,"好大喜功"的决策思想会给企业带来不可预料的严重后果。

C. 成本—效益原则。财务管理要追求企业价值最大化,就必须处处讲求效益,节约成本,即以最小的成本支出来获取最大的收益作为实现财务管理目标的基本手段。在企业整个财务管理活动中,始终要坚持"成本—效益"原则,任何不顾成本、盲目追求产值或利润最大化的做法都是错误的,其结果只能给企业造成更大的损失。

D.资源合理配置原则。企业作为现代市场经济的微观组织,在财务管理方面应十分重视如何将其财力资源得到最优化的合理组合,最大限度地发挥其整体的效用功能,既要防止资源供应不足影响企业的整体规模效益,又要避免各个环节上的资源过剩和浪费。财务管理应通过帮助企业合理配置财力资源来促进企业生产规模的合理发展、产品结构的有效调整、产品质量的不断提高、资金管理和利用效益的增长以及企业员工福利待遇的提高等。

E.利益关系协调原则。企业财务管理的重要性直接表现为涉及企业各方面的利益关系,这种关系在财务中称为财务关系。财务管理要理清企业的财产资源,理顺企业不同利益者之间的利益关系。它直接关系到企业的投资人、债权人、经营者、内部员工及外部合作者的积极性和期望收益的满足程度,也直接关系到能否最大限度地实现企业价值最大化。在处理企业与经营者的财务关系时,企业要建立相应的机制,确保经营者的利益与企业的利益相一致。在处理企业利益与国家利益关系时,企业首先应做到依法纳税,在不违反税法的前提下尽可能地维护企业利益。在处理企业与员工的利益关系时,企业应充分关心职工的利益,确保员工的工薪收入和各项福利。财务管理只有正确地处理好各个方面的财务关系,确保企业具有长久的综合发展能力,才能使企业财务管理的目标得以实现。

(3)初创企业财务管理的策略

对初创期的企业来说,企业管理的各项财务活动、处理各种财务关系应以稳健、谨慎为原则。

①筹资管理。初创阶段的企业要想求生存、谋发展,必须获得充足的资金支持。筹资管理要解决以哪种形式、哪种渠道、什么时机筹集经营所需资金的问题,重点把握各种资金的结构、资金成本等问题。创业投资是创业期企业主要的资金来源,吸引风险投资是创业期企业主要的筹资渠道,创业者应注意寻找适合自己的风险投资商。一般来说,大企业及其所属的风险投资机构等战略投资者,通常能为创业企业提供一些技术支持,甚至是共享其已有的、宝贵的客户资源。而且纯粹的风险投资公司有良好的培育创业企业的经验和声誉,有广泛的网络关系,能够及时发现创业企业成长中的问题,并帮助解决这些问题。投资银行则能够帮助企业改善管理,为企业发行股票、上市以及实现更大范围的融资提供市场运作的专业服务。

②投资管理。投资管理要解决做什么(投资方向)、做多少(投资金额)、何时做(投资时机)、怎么做(资金来源与运用)等问题。由于企业在初创阶段需要大量资金,市场具有很大的不确定性,因此,这个阶段的投资要处理好所面临的风险和收益问题。创业者要在充分收集信息的基础上,进行深入、细致的市场调查和充分的可行性研究,通过审慎的研究评估,科学预测企业的投资价值和可能出现的风险,做到事先防范,将投资风险降到最低。创业期企业一般采用集中化投资战略,利用有限资金投资于某个特定市场,最大限度地发挥资金的使用效率。

③营运资金管理。营运资金管理是财务管理活动的重要环节,企业按月编制营运资金

分析表可以有效地控制营运资金。发现营运资金不足时，企业应立即采取相应的措施来弥补不足。

④利润分配。企业进行股利分配时，要从企业战略的角度出发，根据企业自身的情况选择适宜的股利分配政策，使股利分配既能满足企业发展的需要，又能满足投资者的需要。股利分配关系到企业战略资金能否得到有效的保障，因为股利发放的多少决定着企业内部资金来源的多寡，关系到企业财务战略的成败。如果企业留存收益水平较高，意味着企业发放的股利较少。如果企业留存收益较高，那么这些留存收益可以给企业发展提供资金保障。创业期企业收益水平低且现金流量不稳定，低股利政策或零股利政策往往是较明智的选择。

⑤财务控制。要解决创业期企业财务管理上存在的问题，完善内部控制成为创业期企业财务管理的基础工作。只有完善内部控制，才能发挥财务管理应有的职能，实现财务管理的目标。创业期企业在加强财务控制的过程中，应重视以下几个方面。

A. 聘请专业的财务人员，加强财务部门的力量。

B. 保持会计记录的准确性、完整性。建立必要的会计制度，加强对员工的专业培训和后续教育，防止出现会计记录混乱、错误或不完整的情况。这是发挥财务管理其他职能的最基本前提。

C. 建立健全职务分离制度。企业对记账、出纳、保管等不相容职务实行分离，应尽量由不同人员担任，避免一个人从头到尾处理一项业务，减少错误和舞弊出现的可能性。根据分工原则，企业要尽量将不同功能的工作安排不同的人来完成。

D. 避免任人唯亲。特定的亲属关系会弱化企业内部的互相制约关系，使内部控制制度的作用得不到充分发挥，容易产生不公平现象，影响企业的整体激励制度，有时还存在难以管理的问题。

E. 建立完善的资产管理制度，合理保证资产的安全性和完整性。首先，企业要建立健全物资购、销的内控制度，在物资采购、领用、销售以及样品管理上建立合适的操作程序，从制度上保证操作规范，堵住漏洞，维护安全。其次，企业要做到不相容职务分离，将资产管理和凭证记录分开，形成有力的内部牵制。最后，企业要建立实物资产盘存制度。

（4）初创企业应对财务风险的措施

企业面对复杂的经营环境的时候，总会存在不同程度的财务风险，尤其是初创企业。企业应对财务风险管理有足够的重视，对财务风险的成因及其防范进行研究，有效开展对财务风险的控制与管理、监测与预警，有效降低财务风险，提高企业的效益。一般来说，有效降低企业创业初期财务风险的方法有以下3种。

①建立有效的风险防范处理机制，正确理解经营风险与财务风险的关系。风险防范是企业在识别风险、估量风险和研究风险的基础上，用最有效的方法把风险导致的不利后果降到最低限度的行为。企业各部门、各人员，特别是企业的决策管理部门必须增强风险防范意识，无论是对外投资还是对内融资，无论是研制产品还是销售产品，都应预测可能产生的风险及企业的承受能力，加强企业管理的基础设施建设，加强对企业管理人员的业务培训，增强他们认识风险、分析风险和防范风险的能力，提高管理决策水平，降低经营的盲目性和决

策的随意性。

②不断增强财务管理人员的风险意识,理顺企业内部的财务关系,做到责、权、利相统一。企业要使财务管理人员明白,财务风险存在于财务管理工作的各个环节,任何环节的工作失误都可能给企业带来财务风险,财务管理人员必须将风险防范贯穿财务管理工作的始末。企业应设置高效的财务管理机构,配备高素质的财务管理人员,规范各项规章制度,强化各项基础工作,使财务管理人员的风险意识不断提高。与此同时,企业必须理顺内部的各种财务关系,明确各部门在企业财务管理中的地位、作用以及应承担的职责,并赋予其相应的权力,真正做到权责分明,各负其责。在利益分配方面,企业应兼顾各方利益,以调动各部门参与企业财务管理的积极性,真正做到责、权、利统一,使企业内部各种财务关系清晰明了。

③引进科学的风险管理程序,加强制度建设,建立健全财务风险管理机制。财务风险管理是一个识别和评估风险、分析风险成因、预防和控制风险、处理风险损失的有机过程。在风险识别、评估和分析的基础上,企业确定应对风险的方案和措施,制订企业财务战略和计划,优化财务决策和控制方法,健全财务信息的控制系统。风险出现时,及时处理,减少损失。企业加强制度建设要做到以下几个方面。首先,建立客户管理制度,加强对客户信用的调整,形成一套适合本企业的风险预防制度,把财务风险降至最低。其次,建立统计分析制度,通过完善的统计分析及时发现问题,并采取相应措施加以控制。最后,建立科学的内部决策制度,对风险较大的经营决策和财务活动,要在企业内部的各职能部门中进行严格的审查、评估和论证,尽量避免因个人决策失误造成的风险。

2）新企业的人力资源管理

在现代社会的发展中,人力资源越来越重要,各种类型的组织对人力资源管理的重视程度也越来越高。是否拥有优秀的人才是企业能否创业成功的关键因素之一,而人力资源的管理是创业者必须做好的工作之一。

（1）新企业常见的人力资源管理问题

新企业的管理体系大多处在不断调整的状态中,加之其竞争地位相对较弱,因此,在招聘、用人等方面存在诸多问题。这些问题主要表现在以下 4 个方面。

①难以找到合适的人才。由于新企业提供的薪酬、福利相对较低,而风险又较高,有的企业地处中小城市,甚至是偏僻地区,因此很难吸引到合适的人才。

②稳定性差。新企业通常成立时间较短,内部成员间未经充分磨合,面临较大的生存与竞争压力,容易产生矛盾与冲突,人员流动频繁。也有新加入者,如应届毕业生等,把企业当成了获得经验的跳板,一旦获得一定的经验就会跳槽,因而其人员的流动性较大。

③缺乏完整的人力资源管理体系。新企业的发展更多依赖于每个员工的能动性,但新企业往往难以形成系统、完善的人才管理制度及体系,其招人、用人可能有较大的随机性。

④良好的企业文化尚未形成。大多数新企业的企业文化尚在形成过程中,还没有成熟和定型,员工之间往往缺乏共同的价值观念,对企业的认同感不强,容易造成个人价值观与企业理念冲突,可能造成不必要的内讧和人才流失。

（2）新企业人力资源管理的重点

相较于既有企业,新企业在人力资源管理工作上也存在一些不同。总的来说,创业者应把人力资源工作的重点放在以下4个方面。

①员工招聘。员工招聘是人力资源管理的第一项工作,也是最关键的一项工作。创业者可以通过多种渠道向社会发布招聘信息,在招聘信息中,应尽可能多地介绍公司的发展优势,以吸引优秀人才前来应聘。就招聘渠道来说,企业可以通过人才交流中心、招聘洽谈会、媒体广告、网上招聘、校园招聘、熟人推荐等渠道进行。企业招聘新员工应遵循以下4个原则。

A. 公开、公平、公正原则。公开就是企业将招聘信息、招聘方法及招聘结果公示出来,使整个招聘过程置于公开监督之下,防止出现以权谋私和假公济私的现象,确保招聘到真正优秀的人才。公平、公正是确保给每个参加应聘的人平等的机会。

B. 实际需要原则。招聘新员工应以工作的实际需要和岗位的空缺情况为出发点,以工作需要和岗位要求选聘工作人员。同时,还应避免盲目攀比,过度消费人才资源,造成企业成本提高和人才浪费。

C. 竞争择优原则。竞争择优是指在招聘过程中引入竞争机制,在对应聘者的思想品质、道德品质、业务能力等方面进行全面考核的基础上,按照成绩择优录用。

D. 效率优先原则。新企业应用尽可能低的招聘成本录用最合适的人选。

②员工定岗。员工定岗是指在企业组织结构确定的条件下,采用科学的方法确定企业岗位设置和各岗位人员数量的过程。定岗的基础是科学、合理地设岗。创业者可以将企业的所有工作内容按专业划分成若干个组成部分。其中,职能和业务流程中相同或相类似的部分可以组合起来设为一类岗位。企业给新进员工定岗应遵循以下5个原则。

A. 因事设岗原则。岗位和人应是设置和被设置的关系,岗位设置必须按照企业各部门职责范围设定,不能颠倒。很多企业存在因人设岗的现象,如果不是针对少部分高端人才,因人设岗就会导致人力资源浪费、劳动力成本提高的现象出现。

B. 协作原则。岗位设置强调专业化分工,但各岗位之间的有效协调非常重要,因此,应在分工的基础上有效地综合,使各岗位既职责明确又能相互协调,这样才能发挥人力资源的最大效能。

C. 最少岗位原则。对创业者来说,节省每笔开支都非常重要。在人力成本中,如果按照最少岗位原则,做到非必要、不设岗,既可以最大限度地节约人力成本,又可以尽可能地缩短岗位之间信息传递的时间,减少信息传递中的衰减效应,从而达到提高工作效率的目的。

D. 客户导向原则。为客户创造价值是企业存在的基础,因此,岗位设置必须从客户的角度考虑问题,以尽可能满足客户不同需求为标准。

E. 监控原则。在企业中,有些工作之间存在监督与被监督的关系,如财务中的会计和出纳,这两种不同性质的工作就必须分别设岗。

③员工的培训。培训作为现代企业管理的重要内容和手段,已越来越被企业所重视。一方面,培训可以改变员工的工作态度,增长知识,提高技能,激发他们的创造力和潜能,提高企业运作效率和销售业绩,使企业直接受益。另一方面,培训提高了员工的自身素质和能

力,让员工体会到企业对他们的重视,认识到培训是公司为他们提供的最好福利。

④员工的激励。员工被分配到一定的岗位之后,企业要充分调动员工的工作积极性,使其立足本职岗位,充分发挥其聪明才智,为企业带来更高的收益。要达到这一目的,企业除科学管理、合理使用外,建立一套良好的员工激励机制也是一项重要措施。例如,运用薪资、福利的灵活性吸引人才,或者通过股权赠予,以远景吸引和留住人才。

3)新企业的市场营销管理

市场营销是从卖方的立场出发,以买主为对象,在不断变化的市场环境中,以消费者需求为中心,通过交易程序,提供和引导商品或服务到达消费者手中,满足消费者需求和利益,从而获得利润的企业综合活动。

(1)市场营销活动的过程

市场营销活动的过程包括以下 4 个步骤。

①分析、发现和评估市场机会。企业必须随时关注宏观环境和微观环境的变化。宏观环境主要包括政治法律环境、经济环境、社会文化环境、科学技术环境、人文环境、自然环境等。微观环境主要包括供应商、竞争对手、消费者、替代产品生产者、潜在进入者等。企业必须通过对宏观、微观环境信息的搜集和分析,发现、抓住并利用市场机会。

②细分市场,选择目标市场。企业可以根据消费者不同的消费特征将市场细分,然后根据自己的资源优势选择自己的目标市场,采取不同的目标市场战略措施。

③制订营销计划,规划营销策略。在选定的目标市场上,创业者要实现自己的营销目标,就需要制订一系列营销计划,然后规划营销策略。

④营销计划的落实。所有的营销计划、营销策略都必须很好地落实,并且在实施过程中根据实际情况加以改进,才能使其转化为实际的竞争优势,实现企业的营销目标。

(2)市场营销策略

①目标市场策略。目标市场策略是指企业通过市场细分选择目标市场,专门研究其需求特点并针对其特点提供适当的产品或服务,制定一系列的营销措施和策略,实施有效的市场营销组合。一般来说,目标市场策略包括无差异性市场策略、差异性市场策略和密集性市场策略。

A.无差异性市场策略。无差异性市场策略是指企业不考虑各个细分市场之间的差异,只推出一种产品,设计一套市场营销组合方案去满足整个市场的需求。

优点:生产经营品种少,批量大,节约成本,提高利润率。

缺点:忽视了需求的差异性,市场部分需求得不到满足。

B.差异性市场策略。差异性市场策略是指企业准备为各个细分市场或为许多细分市场服务,并按照各个细分市场的需求差异,分别提供不同的产品、设计不同的市场营销组合方案去满足目标市场的需求。

优点:适应了各种不同的需求,能扩大销售,提高市场占有率。

缺点:增加设计、制造、管理、仓储和促销等方面的成本,市场营销成本上升。

C.密集性市场策略。密集性市场策略又称集中性市场策略,即企业以一个或少数几个细分市场作为目标市场,并集中力量为目标市场服务。

优点:目标集中能更深入地了解市场需要,使产品更加适销对路,有利于树立和强化企业形象及产品形象,在目标市场上建立巩固的地位。同时,由于实行专业化经营,可以节省生产成本和营销费用,增加盈利。

缺点:目标过于集中,把企业的命运押在一个小范围的市场上,有较大风险。

这3种目标市场策略各有其长处和不足,企业应根据具体情况加以选择。其中,无差异性市场策略和差异性市场策略一般适用于生产规模大、实力雄厚的大企业,新企业则更适合选择密集型市场策略。

②产品定位策略。产品定位是针对消费者或用户对某种产品的某种属性的重视程度,塑造产品或企业的鲜明个性或特色,树立产品在市场上的形象,从而使目标市场上的消费者了解和认识企业。这里的产品定位与前面提到的目标市场定位有一定区别。目标市场定位是指企业对目标消费者或目标消费市场的选择。产品定位是指企业选择什么样的产品来满足目标消费者或目标消费市场。一般来说,新企业应先进行市场定位,然后进行产品定位。具体而言,产品定位策略主要有以下几种。

A.产品专门化策略。产品专门化策略,即产品组合单一,在产品组合坐标系中,该产品处于原点位置。例如,可口可乐公司在相当长的时间里实行的是产品专门化策略,以统一的产品、包装、价格和宣传推广向全世界的消费者提供可口可乐。产品专门化策略在一定程度上视消费者的需求为无差异。

B.产品差异化策略。产品差异化策略,即企业通过自己的营销努力使产品组合向深度、广度发展。例如,可口可乐公司在满足消费者多样化需求的前提下,生产了雪碧、健怡可乐、芬达、酷儿等产品,从更多的角度满足了消费者的需求。

C.产品边缘化策略。产品边缘化策略即产品组合由深度向关联度发展。以金利来为例,其产品组合最初只是生产各种档次、规格、系列的男性领带,而现在其产品涉及男女用钱包、箱包、服装等多个领域,从多方面满足男性消费者和女性消费者的需求。

D.产品多角化策略。产品多角化策略即产品组合由关联度向广度发展或由深度向广度发展。例如,国内的电器厂商海尔集团最初是靠生产冰箱起家的,但是如今已拥有包括电视机、洗衣机、空调、计算机等在内的大小家电800多个项目的产品。

📊 经典案例

小米手机的定价策略

2011年8月16日,200余家媒体及400名粉丝齐聚北京798艺术区,共同见证发烧友级重量手机小米手机的发布。雷军先详细介绍了小米手机的各种参数,展示了其优点。在勾起人们的兴趣之后,临近结束之时,雷军用一张极其庞大醒目的页面公布了它的价格:1999元。作为全球首款1.5 GHz双核处理器,搭配1 GB内存,以及板载4 GB存储空间,最高支持32 GB存储卡的扩展,超强的配置却仅售1999元,让人群为之一振。2014年,小米科技销售手机总计 6112 万台,较 2013 年增长 227%;含税销售额达 743 亿元,较 2013 年增长 135%,登顶中国市场份额第一位。小米科技创造了一项企业崛起速度的纪录,在短短几年的时间里,完成了由一个 ROM 小组到估值百亿美元的中国最热手机品牌的蜕变。

小米手机取得如此好的销量,是采取什么样的定价策略呢?

(3)定价策略

①渗透定价策略。渗透定价,即在新产品上市之初将价格定得较低,吸引大量购买者,扩大市场占有率。低价产生的两个好处是:首先,低价可以使产品尽快为市场所接受,并借助大批量销售来降低成本,获得长期稳定的市场地位。其次,微利阻止了竞争者的进入,增强了自身的市场竞争力。当然,低价利微投资回收期较长,不利于企业形象的建立。1999 元就能够买到相当不错的智能手机,这对消费者来讲是一种很大的诱惑。小米手机第一次网上销售被一抢而空更能说明高性价比对消费者的诱惑,这对小米手机提高市场占有率有很大的优势。

②心理定价策略。

A.尾数定价。所谓尾数定价,就是保留价格尾数,采用零头标价,将价格定在整数水平以下,使价格保留在较低一级档次上。

B.招徕定价。招徕定价,也称特价商品定价,即利用消费者的求廉心理,以接近成本甚至低于成本的价格进行商品销售的策略。通过细致的市场调研,合理运用多种新产品定价策略,小米手机最终定价 1999 元。实践证明,这个价格发挥了其应有的作用。

C.品种定位。所谓品种定位,就是根据特定产品与自己的竞争对手在产品类型方面存在的差异,确定该产品的市场位置。采用这种定位方法,要突出本产品与其他同类产品在品种方面存在的分歧。例如,美国七喜汽水进入市场后一炮打响就是成功运用品种定位策略的佐证。实施品种定位策略的前提是自己的产品的确比竞争产品优秀。否则,如果在消费者了解了本产品与其他产品的区别之后发现自己的产品还不如别人的,那无异于搬起石头砸自己的脚。

D.市场定位。所谓市场定位,就是根据市场细分的原则确定特定产品的市场位置。这是市场细分策略在广告宣传中的具体运用,其目的是将商品定位在最有利的市场位置。这里所说的市场是指经过细分以后的市场。例如,主要面对的对象是富人还是工薪阶层、是婴幼儿还是青少年、是男性消费者还是女性消费者等。面对的市场不同,消费者的消费需求就有所不同,市场定位的策略在实施时就要做适当的调整。

E.分销策略。分销策略主要是指研究使商品顺利到达消费者手中的途径和方式等方面的策略,其影响因素包括付款方式、信用条件、基本价格、折扣、批发价、零售价等。

F.促销策略。促销策略主要是指研究如何促进消费者购买商品以实现扩大销售的策略,其影响因素包括广告、人员推销、宣传、营业推广、公共关系等。

5.2.3　新企业的建设

新企业的建设不可忽视企业文化建设、企业品牌建设和企业可持续发展等问题。

1）企业文化建设

创业者在创业初期,大多注重物质回报,而不重视精神或文化方面的建设。有些创业者对创业的想法非常简单,缺少长远的计划。由于创业初期比较艰难,创业者往往将大多数精力和资源都投入到如何使企业生存上面。有的创业者受本身的能力或知识背景限制,不知道应该如何创建企业文化,忽视企业文化建设。

（1）企业文化的内涵

企业文化是企业的价值观、经营理念、群体意识和行为规范的总和,而其最基本、最核心的部分就是企业的价值观。企业文化不能脱离企业的经营管理,企业的经营管理特色决定了企业文化的特色。

（2）企业文化建设的原则

企业文化建设应遵循以下原则。

①以人为本。文化应以人为载体,人是文化生成与承载的第一要素。企业文化中的人不仅体现在企业家、管理者身上,而且体现在企业的全体员工身上。企业文化建设要强调关心人、尊重人、理解人和信任人。企业团体意识的形成,首先是企业的全体成员有共同的价值观,有一致的奋斗目标,这样才能形成向心力,才能成为一个具有战斗力的整体。

②内外一致。企业文化属于意识形态的范畴,但它又要通过企业或员工的行为和外部形态表现出来,这就容易造成表里不一的现象。因此,建设企业文化要从员工的思想观念入手,使员工树立正确的价值观念和哲学思想,在此基础上形成企业精神和企业形象,防止形式主义、言行不一现象的发生。

③注重个体差异性。个体差异性是企业文化的重要特征之一。文化本来就是在本身组织发展的历史过程中形成的。每家企业都有自己的历史传统和经营特点,企业在进行文化建设时要充分利用这一点。只有建设具有自己特色的文化,才能在众多企业中独树一帜,打造竞争优势。

④重视经济性。企业是一个经济组织,企业文化是一个微观经济组织的文化,应具有经济性。所谓经济性,是指企业文化必须为企业的经济活动服务,有利于提高企业生产力和经济效益,有利于企业的生存和发展。

（3）企业文化建设的方法

建设企业文化,实际上就是重新审视企业所遵循的价值观体系,根据长远发展战略重新建立起一套可以共享、传承,可以促进并保持企业正常运营和长足发展的价值理念、思维方式和行为准则。新企业可从以下两个途径来进行企业文化建设。

①企业理念建设。新企业要想切实建立企业价值观体系,首先要从实际出发,从企业自身所处的地位、环境、行业发展前景及其经营状况着手,通过大量枯燥但是必需的调研、分析,结合企业家本身对企业发展的考量,从企业发展众多的可能性中确认企业的远景。其次,要依据企业发展必须遵循的价值观,确立企业普遍认同、体现企业自身个性特征的,可以促进并保持企业正常运营和长足发展的价值体系。特别是企业战略目标和经营理念,无论

社会环境和时间怎么变化,都应是成立的。

②行为文化建设。企业理念形成后,企业并不只是把它形式化、停留在口号层面,而是需要贯彻,需要对员工的理想追求进行引导。主要可从以下几个方面着手。

A.规章制度。企业理念能够落实,最重要的应该表现在企业的规章制度中,使员工的行为能够体现出企业理念的要求。例如,员工行为规范、公共关系规范、服务行为规范、危机管理规范、人际关系规范等。

B.工作与决策。企业理念必须反映到企业的日常工作和决策中,企业领导应该以身作则,使员工有效跟从和效仿。

C.典礼、仪式。必不可少的各类典礼和仪式可以有效推广企业理念,并贯彻到各个方面,如企业各类会议、展览、庆典及企业内外部节日等。

D.榜样和典范。企业要实施和贯彻企业理念,就需要树立值得各个部门员工学习的榜样,即典范或优秀人物,让所有员工切实感受到企业理念的影响。

E.传播途径,教育培训。企业要建立有效传播企业理念、共享价值的体系,让员工切实地参与企业文化。创业者可以通过建立畅通和多样化的传播途径,如内部网络、报刊、论坛、宣传阵地等,利用这些途径经常性地对员工进行教育和培训。

2)企业品牌建设

品牌是一种名称、术语、标记、符号或图案,或是它们的相互组合,其目的是用来识别企业提供给某个或某群消费者的产品或服务,并使之与竞争对手的产品或服务相区别。具体来说,品牌是人们对一个企业及其产品、售后服务、文化价值的一种评价和认知,是一种信任,是消费者对产品及产品系列的认知程度。

(1)企业品牌的内涵

企业品牌的内涵包括以下3个方面。

①企业品牌传达的是企业的经营理念、企业文化、企业价值观和对消费者的态度等。企业品牌能够有效突破地域之间的壁垒,开展跨地区的经营活动,并且为各个子公司提供一个统一的识别形象,使不同的产品之间形成关联。企业品牌不易被复制、模仿,是企业最大的无形资产。

②企业品牌的内涵至少应包含商品品牌和服务品牌两项内容,在两者的基础上衍生出企业品牌。只有企业建立有别于竞争对手的、富有企业文化内涵的、独特的服务品牌,才能不断提高商品品牌的价值含量和企业的美誉度。否则,企业品牌的内涵就要大打折扣。

③企业品牌是在企业成立的初期进行设定的。通常,企业品牌都同企业所提供的特定的产品或服务相联系,在随后的经营过程中,不会轻易进行调整。企业品牌确定了与其专属领域的位置,便于客户形成清晰的认知。

(2)中小企业品牌建设的方法

大部分中小企业还处于成长阶段,这时,企业领导者一定要把品牌的实施推广作为企业最重要的事情亲自抓,一切工作的主体围绕品牌的培育进行,并深入产品的质量、服务、生产流程、特质、企业文化等方面,使产品给消费者不断带来良好的信息刺激,形成消费者对品牌的忠诚度,使企业能在较短的时间走出市场底层,摆脱处处被人挤压的被动局面。中小企业品牌建设的具体方法如下。

①进行准确的品牌定位。很多中小企业在创业和产品生产之初没有明确进行产品定位,一切只凭感觉或随大流。在经营过程中,也没有根据市场和自己的实际情况给产品重新找准品牌定位,企业的品牌形象模糊,这样很难给市场和消费者一个良好、深刻的印象,一旦市场波动或出现其他不利因素,就极易被市场淘汰。

②从产品质量、服务开始创建品牌。质量是品牌的生命,是品牌的灵魂。没有质量的产品注定要被市场所淘汰,品牌也就无从谈起。因此,对于中小企业而言,在创建企业品牌的过程中,要严把产品的质量关,保障优质的服务,根据市场和客户的需求不断创新和提高,这样才能使产品逐渐被消费者认可,形成一批优质忠诚的消费者。

③打造特色的品牌文化。品牌文化是产品在实际使用价值之外给予消费者的一种印象、感觉和附加价值,如归属感、身份感、荣耀感等。企业只有具有一定的品牌文化,才可能全面满足消费者的需要。

在打造品牌文化之前,企业首先要搞清楚企业品牌所存在的根本意义是什么,它和消费者、政府、竞争者等其他市场主体间构成了什么样的关系,它主张一个什么样的价值观、产品研发观、产品观、市场观和服务观等。其中,价值观犹如个人的世界观,被企业称为企业精神,是品牌文化建设的核心内涵,其他理念则由它延展开来。由于品牌文化是一种外化的企业文化,最终要使消费者受益,因此,企业必须考虑那些消费者能看得到的并依此评估其价值观的特征,如效率、乐趣、卓越、美、地位、道德、尊严和精神面貌,运用比喻、象征的手法予以提炼。

④制订整体的品牌计划,进行品牌传播。品牌的创建应着眼于整体,循序渐进,不断积累。品牌的传播是系统的、规范的、持续的。否则,再好的品牌也会很快被消费者淡忘,退出历史舞台。对于中小企业来说,品牌传播需要在不同时期采用不同的策略。

A.品牌初创期。在品牌创立初期,企业应以提高品牌知名度为主要任务,告诉消费者"我是谁""我的优势是什么"。中小企业在这一阶段需要拿出魄力,敢于做宣传,大力推销自己,以销售来促进产品的生产,扩大产品的市场份额与品牌的影响力。企业要有专门的企划部和专业人才来进行品牌宣传推广。这也是企业初创阶段至关重要的环节。

B.品牌成长期。在品牌成长期,企业应以提高品牌影响力尤其是美誉度为主要任务,品牌以感性诉求赢得消费者在情感上的认可与偏爱。

C.品牌成熟期。在品牌成熟期,企业应以巩固品牌的影响力、成为区域文化或国家文化的代表为主要任务,告诉消费者品牌代表了什么样的文化观念、民族性和国家精神。例如,可口可乐已经成为美国文化的符号,被视为"崇尚个人感受"的美国文化的代表。

3)企业可持续发展

随着经济全球化的进程加快,市场环境变得更加不确定,市场竞争更加激烈。同时,消费者的需求也变得更加多样化、个性化和理性化,这对企业实现长期可持续发展提出了更高的要求。企业可持续发展是指企业在追求自我生存和永续发展的过程中,既要考虑企业经营目标的实现,提高企业市场地位,又要保持企业在已经领先的竞争领域和未来扩张的经营环境中始终保持持续的盈利增长和能力的提高,保证企业在相当长的时间内长盛不衰。

（1）企业可持续发展的关键因素

①核心竞争力。企业的核心竞争力是支撑企业可持续发展的关键因素。从本质上讲,企业的核心竞争力是一种不易被竞争对手超越的独特能力,它表现为持续的学习能力、独特的企业文化、不断创新的能力及较强的实践能力。拥有强大核心竞争力的企业能够适应社会,在竞争中立于不败之地,能够实现企业的可持续发展。

②持久的创新力。持久的创新力是企业可持续发展的有效保证。创新力是指当企业在面对各种市场机会和市场竞争压力时,为了达到优化状态,表现出来的能够适时地对内外生产经营要素进行重新组合以实现利润最大化的能力。创新力已经成为企业可持续发展的不竭动力。

📊 经典案例

格力电器的创新史

珠海格力电器股份有限公司成立于 1991 年。2012 年,格力电器实现营业总收入1001.10 亿元,成为中国首家超过千亿的家电上市公司。2014 年,格力电器实现营业总收入1400.05 亿元,净利润 141.55 亿元,纳税 148.07 亿元,连续 13 年位居中国家电行业纳税第一。2015 年,排名"福布斯全球 2000 强"第 385 名,家用电器类全球第一位。20 多年来,只要是空调行业出现的技术革新,都不难看到格力的身影。

从"1 赫兹"核心技术到后来的双级压缩技术、不需要换滤芯的空气净化技术及"不用电费"的光伏直驱变频技术,科技创新驱动企业发展已经成为格力集团成长过程中的一种惯性,这种惯性让格力集团始终保持着快速稳定的发展。

格力集团已经形成了健全的创新管理体制,包括科技项目管理机制、人才培养机制、研发投入机制和外部协作机制。同时,格力集团构建了多层次、高水平的研发平台体系,包括集成平台、职能平台和业务平台,公司获批建设"国家重点实验室",建有两个国家级技术研究中心、7 个研究院、52 个研究所、570 多个先进实验室,研发出超低温数码多联机组、高效离心式冷水机组、1 赫兹低频控制技术、变频空调关键技术的研究和应用、超高效定速压缩机、R290 环保冷媒空调、多功能地暖户式中央空调、永磁同步变频离心式冷水机组、无稀土磁阻变频压缩机、双级变频压缩机、光伏直驱变频离心机系统、磁悬浮变频离心式制冷压缩机及冷水机组 12 项"国际领先"级技术,累计申请 19000 项专利,申请发明专利近 7000 项,生产出 20 个大类、400 个系列、12700 多种规格的产品。在人才的培养和激励方面,格力集团实施全员培养、全员激励,为员工提供良好的发展平台,让年轻人不断地成长,营造了自我超越的创新文化。在创新上不断挑战自我已经成为格力集团的基因,在公平、公正的创新氛围中,格力集团激发了"全员创新"的热情。

另外,格力集团在工程目标上并不是单一地寻求技术创新,而是创建一个可持续发展的环境,通过创新文化、研发平台、原创技术和市场需求4个方面进行全方位的创新实现,为企业可持续发展、打造核心竞争力提供不竭的动力。

③明确的企业使命。企业使命是企业开展活动的方向、原则和哲学。企业使命具有探寻企业本质、塑造企业特征、明确企业目标、引领企业成功的重要作用。企业使命建立在对企业现在和未来深入思考的基础上,决定着企业的总体定位,为企业的长远发展指明方向。企业使命是企业存在的意义和价值,是企业所肩负的最大责任或企业存在的最根本目的。

拓展阅读

世界优秀企业的使命

迪士尼公司:使人们过得快活。

荷兰银行:通过长期的往来关系,为选定的客户提供投资理财方面的金融服务,进而使荷兰银行成为股东最乐意投资的标的和员工最佳的生涯发展场所。

微软公司:致力于提供使工作、学习、生活更加方便、丰富的个人计算机软件。

索尼公司:体验发展技术造福大众的快乐。

惠普公司:为人类的幸福和发展做出技术贡献。

耐克公司:体验竞争、获胜和击败对手的感觉。

IBM公司:无论是一小步,还是一大步,都要带动人类的进步。

华为公司:聚焦客户关注的挑战和压力,提供有竞争力的通信解决方案和服务,持续为客户创造最大价值。

联想集团:为客户利益而努力创新,创造世界上最优秀、最具创新性的产品,像对待技术创新一样致力于成本创新,让更多的人获得更新、更好的技术,最低的总体拥有成本,更高的工作效率。

万科集团:建筑无限生活。

④新业务领域的开拓。企业要根据市场的变化,开拓新的主导业务领域。现代社会,由于市场变幻莫测,企业为了实现利润最大化目标,应根据实际条件,不断调整主导产业、主导业务,实现企业的可持续发展。

(2)企业可持续发展战略

企业可持续发展战略是企业可持续发展的指导思想,它指出了企业可持续发展的目的、使命和长期发展规划,为企业资源的优化配置提供了指导方向,为企业可持续发展提供竞争引擎和有效的生存环境。企业可持续发展战略主要包括创新可持续发展战略、文化可持续发展战略和核心竞争力可持续发展战略等。

①创新可持续发展战略。创新是指建立一种新的生产函数或供应函数,是在生产体系中引进一种生产要素和生产条件的新组合。经济发展来自企业内部自身创造的关于经济生活的一种变动,创新是一个内在的因素。

现代创新理论的提出者约瑟夫·熊彼特(Joseph Schumpete)强调,创新是对惯例行为的偏离,创新是不断打破均衡。约瑟夫·熊彼特的创新理论主要是指生产力方面。企业可持续发展的核心是创新。企业创新是全方位的创新,其核心是观念创新,其次是技术创新。技术创新是指新的技术在生产等领域里的成功应用,包括对现有技术要素进行重新组合形成新的生产能力的活动。全面地讲,技术创新是一个全过程的概念,包括新发明、新创造的研究和形成过程,也包括新发明的应用和实施过程,还包括新技术的商品化、产业化的扩散过程,即新技术成果价值化的全过程。

②文化可持续发展战略。优秀的企业文化是企业战略制定获得成功的重要条件,它包含 3 个层次,即精神文化、制度文化和物质文化。精神文化是基础,是核心,是企业文化的内容实质,制度文化和物质文化是在精神文化基础上表现出来或形成的形式和结果。

企业文化具有鲜明的个性,有利于企业制定出与众不同的、克敌制胜的战略,指导形成有效的企业战略,并且是实现企业战略的驱动力和重要支柱。企业战略制定之后,企业文化应随着新战略的制定而有所变化。企业文化一旦形成,企业要对其进行变革的难度就会增加,因为企业文化具有较大的刚性和一定的持续性。因此,在战略管理的过程中,企业内部新旧文化的更替和协调是战略实施获得成功的保证。

拓展阅读

企业文化创新的方法

企业文化创新是指企业为了其发展与环境相匹配,根据本身的性质和特点形成体现企业共同价值观的企业文化,并不断创新和发展的活动过程。企业文化创新的实质是在企业文化建设中突破与企业经营管理实际脱节的文化理念和观点的束缚,实现向贯穿全部创新过程的新型经营管理方式转变。

1. 企业文化创新要与世界优秀企业文化相融合

中国加入世界贸易组织(World Trade Organization,WTO)后,企业最终面临的竞争和合作的对象是世界级的跨国公司,这些跨国公司大都具有优秀的企业文化,不管是与它们合作还是与他们竞争,中国的企业都与其存在着跨文化的融合问题。企业文化创新如果不吸收世界优秀企业的成功经验,就不能在与之合作或竞争中取得发展和取得竞争优势。

2. 企业文化创新要与民族文化相融合

脱离民族优秀历史文化的企业文化创新是不可能持久和富有生命力的。优秀的民族历史文化在任何时候都是企业文化创新的沃土。例如,德国的精密制造产业处于世界领先地位,源于德意志民族严谨、理性的民族文化特性。同样,中国企业文化创新,也要与中华民族的和谐、勤劳、自强的民族文化特征相融合。

3.企业文化创新要与企业实际情况相融合

企业文化创新不能脱离企业的实际情况。一方面,企业文化创新既不能超前也不能滞后;另一方面,企业文化创新要与企业存在的各个方面的情况相融合,不能脱离员工素质、行业特点、企业发展战略、组织模式及企业现有的文化特点等。

③核心竞争力可持续发展战略。核心竞争力是企业独有的,是企业能在一系列产品或服务中取得领先地位所必需的关键性能力。这种能力是一种技术与技能的综合体,而并非拥有的一项技术或一项技能。

核心竞争力具有3个方面的含义,即核心竞争力特别有助于实现消费者看重的价值;因为核心竞争力是竞争对手难以模仿和难被替代的,所以能取得竞争优势;核心竞争力具有持久性。核心竞争力具有3个核心特征:价值特征——创造的独特价值;资产特征——专用性资产;知识特征—隐性知识。

模块 6

创业风险及规避

6.1 创业风险概述

6.1.1 创业风险的概念

1）创业风险的定义

创业风险通常是因为创业外部环境的不确定性和复杂性，创业者及其创业团队能力的有限性等问题导致创业活动偏离预期目标的可能性。

2）创业风险的一般特征

（1）客观性

创业实践是经济活动的一种，具有系统性、复杂性的特点，时刻伴随风险的产生，创业风险是客观存在的。对于创业者来说，正视或刻意无视创业风险都无法影响其客观性的存在。在整个创业实践过程中，客观存在的变化环境和其发展的不确定性使得创业风险的存在成为必然。同时，创业风险还具有主观的一面。例如，同样的创业风险，有些创业者认为风险性较大，容易造成较大的损害，个体存在较大心理压力，容易造成决策失误；有些创业者则认为风险性较小，甚至是极有价值的机遇。

（2）不确定性

创业的过程是"无中生有"的创造，是将创意或创新技术转化为现实产品或服务的过程。在此过程中，没有既定的经验模式可以借鉴，不确定性和不稳定因素客观存在，如市场的需求无法确定等。

（3）双重性

创业风险是机遇和挑战的共同载体，代表一种可能。丧失机遇、挑战失败可能会带来损失；把握机遇、赢得挑战则会带来利益。风险、损失和利益是相互关联的，回避风险在避免了损失的同时也就放弃了利益。

（4）相关性

创业实践是一个系统化的工程，创业风险作为其中的一环，与创业者的素质、创业的具体决策和行为等因素关联紧密，面临的风险与其创业行为及决策是紧密相连的。同一风险在不同创业者决策和行为应对下会产生不同的结果，同一创业者在应对不同风险问题时也会产生不同的结果。

（5）可变性

创业风险受多重因素的影响，并非一成不变。影响创业活动的任何一种因素发生变化时,都可能引起创业风险的变化。如政策环境的变化、投资环境的变化、创业者素质的提高、招聘专家等,都对创业风险本身及应对结果产生影响。

（6）可测性

创业风险的可测性是指创业风险是可以通过定性或定量的方法对其进行估计。合理的分析预判是预防和应对创业风险的有效手段。如天气的变化对农产品销售创业活动产生的风险影响等,可以通过对天气情况和农作物产量的合理分析制定决策,防控风险。

3）高职生创业的主要特征

对于高职生创业者而言,仅仅了解以上创业风险特征是不够的。创业风险在高职生创业活动中具有一定的特征。第一,可分离性。高职生在校接受的创业教育是阶段性的,创业实践过程也是分阶段的,高职生创业风险的产生也具有阶段性。创业风险对于高职生创业者来说不仅具有整体性,而且具有可分离性。第二,叠加性。高职生创业普遍存在盲目的特点,在创业者缺乏经验、市场调研和缺少论证的基础上,很容易忽略风险环节,对预防和应对创业风险准备不足。这样可能造成多种创业风险同时存在并相互叠加的情况,创业风险产生的影响较大。第三,可控性。大多数高职生的创业风险具有较强的可控性。其风险的来源主要是创业者缺乏创业经验和知识,在正确的指导和科学的学习条件下,风险的可控性大大提高,从而有效降低风险。

6.1.2 创业风险的构成与分类

1）创业风险的构成

创业风险的构成可以参照风险构成,包括创业风险条件、创业风险事件和创业风险损益3个部分。

（1）创业风险条件

创业风险条件是指引起风险产生、影响风险发生的概率或影响企业损益程度的因素,是创业风险事件发生的潜在条件。创业风险因素可以分为人的因素和物的因素两个方面。人的因素包括创业意识风险、道德风险、创业团队心理风险等。物的因素包括技术的不确定性、政府政策干预和管控、经济危机等。

（2）创业风险事件

创业风险事件是指将创业风险的潜在作用完全发挥,并造成企业具体损益后果的事实,是创业风险条件综合作用的产物,最终具体化体现为创业风险损益。如经济危机导致产品需求下降,销量降低,产品存在安全隐患,团队成员内部矛盾,技术落后或存在较大缺陷等。

（3）创业风险损益

创业风险损益是指由于创业风险事件的实际存在,在应对和管理事件过程中新创企业所产生的货币损失或收益结果。创业风险损益有直接损益和间接损益之分。例如，资金链断裂导致产品无法生产带来的损失；填补市场空白，产品畅销带来的收益等。

2）创业风险的分类

根据不同的标准，对创业风险的分类也不同。

（1）按照创业风险的来源分类

①创业项目风险。项目风险是指在实现项目目标的活动中具有的不确定性和可能发生的危险，分布在项目的选择、市场的定位进度安排以及对环境的判断几个关键点上。"良好的开端是成功的一半。"这一点对高职生的创业活动同样适用，这个"开端"就是项目选择。高职生创业者很容易仅凭热情或"头脑一热"就开始盲目创业，忽视市场调研和客户需求，容易造成创业活动一开始就存在方向错误的困境，加之高职生创业者风险意识不强，风险管理能力较弱，创业项目风险的不确定性更加明显。

②创业财务风险。创业财务风险是指新创企业在财务制度、财务管理和财务决策等因素作用下，产生经济损失的可能性。创业活动的实质是资金的流动行为，财务对于创业实践来说其重要性不言而喻。资金的筹集、管理和使用哪一个环节出现问题都是致命的；企业初创、发展和成熟哪一个阶段资金链断裂都会直接影响企业生命；财务制度、财务管理、财务决策和财会人员哪一个因素出现偏差都可能导致创业失败。对于高职生创业者来说，无创业资金来源、无融资渠道、缺乏财务知识、财务风险意识薄弱是造成财务风险普遍存在的主要原因。

③社会资源风险。社会资源是创业活动中最重要的资源之一，其多寡与优劣在很大程度上决定创业的质量和成败。但是，资源的稀缺性和高职生群体的特点决定了高职生创业者比其他创业者要承担更高的社会资源风险。高职生创业者社会资源和获取范围大多局限在校园师生之间和亲朋好友之间，范围狭小，人际资源匮乏。加之与社会接触较少，对社会环境缺乏足够的了解，获取社会资源的能力也相对不足。

④创业意识风险。创业者个人意识在创业活动中起到十分关键的作用。个人认知水平、创业机会识别的能力、风险预判和管理能力、决策能力等都会影响创业目的的实现，甚至关系创业成败。高职生创业者的优势是创业理论知识丰富，但是这并不意味着创业实践能力强。缺乏实践经验，冲动盲目，创业意识薄弱，都是高职生创业者的短板，而这无疑增加创业风险。

⑤创业环境风险。创业环境风险是指新创企业由于所处的社会、经济、政治、法律环境变化或意外灾害的发生从而造成创业失败的可能性。企业在复杂的环境中生存，时刻面临着周围环境改变带来的影响。新创企业要保持强大的生命力和发展潜能，必须要求创业者时刻关注外部环境变化，随时做出调整，避免环境风险带来的负面影响。高职生创业者阅历不足，对环境变化的敏感性不高，一旦遇到外部环境变化，创业者往往茫然失措，方寸尽失，做出错误的决策，最终导致创业失败。创业环境风险的具体化表现较多，如地震等自然灾害、经济政策的改变等，需要高职生创业者具备较强的创业环境风险管理能力。

⑥创业市场风险。高职生创业者有极大的可能产生由于对新产品、服务的市场分析不足,供求关系出现不平衡的创业效果不确定性。全面、精准的市场调研是保障新创企业产品和服务满足客户需求的必要条件。符合客户需求,企业则具备旺盛的生命力。否则,产品卖不出去,新创企业将无法存活。虽然,高职生创业者在校经过了某些专业系统的专业学习,但是对市场领域缺乏足够的认识,不懂调研和市场分析。面对纷繁多变的市场环境,极大地增加了创业风险。

⑦创业团队风险。高职生创业团队建设在成员的选择上大多缺乏制度性和系统性。成员组成具有较强的随意性和偶然性,专业结构缺乏科学性。在新创企业具体决策时,团队成员会出于种种原因意见不一致的情况经常发生,无法满足高效决策的需要,新创企业面临巨大的隐患。高职生创业团队成员之间由于个性差异、专业不同,容易产生专业见解的巨大分歧,甚至内部矛盾。在合作基础不稳定的情况下,容易因为某些问题导致团队解散,最终创业失败。

⑧创业技术风险。技术是企业的核心资源和可持续发展的动力,也是新创企业能够在经济环境中生存,取得竞争优势的根本。技术对于高职生创业者来说尤为重要。但是,"眼高手低"是普遍存在于当今高职生群体中的现实问题。高职生在校接受了系统化的理论学习,理论知识深厚,但实践较少,在理论联系实际方面做得不够到位,技术能力短缺。虽然很多高职生创业者拥有先进的技术理念,但是忽略了市场环境,理念无法真正转化为技术。一些创新技术无法转化为实实在在的生产力和产品,是高职生创业者面临的又一个难题。如果这些问题不能得到解决,则创业技术风险的存在将难以避免。

(2)按照风险产生的原因分类

按照风险产生的原因,可以划分为主观创业风险和客观创业风险。主观创业风险是指创业者的创业意识、心理素质等主观方面的因素导致创业失败的潜在隐患,如认知偏差带来的风险、创业者心理压力耐受能力较差等。客观创业风险是指创业实践中客观条件导致创业失败的潜在隐患,如市场环境的变动、政策的改变、资金短缺、新技术参与竞争等。

(3)按照风险的影响范围分类

按照风险的影响范围,可以划分为系统风险和非系统风险。系统风险是指外部系统环境的整体变化,包括社会、经济、政治等领域对创业者和新创企业影响巨大并难以控制的变化。系统风险对所有企业的影响都是不可避免的,且影响的程度有所偏差。如政府调控性政策出台、资本市场风险等。非系统风险是指新创企业内部因素导致的风险,是创业者的创业活动和决策等引发的风险。非系统风险只作用于新创企业自身,产生创业活动的不确定性。如团队风险、技术风险和财务风险等。

此外,还有多种划分方法,比如,按创业风险产生的内容可以分为政治风险、经济风险、管理风险、市场风险、技术风险和生产风险等。

6.2　创业风险评估与规避

6.2.1　创业者风险承受能力评估

创业者风险承受能力,是指在新创企业内部条件或经济活动外部环境发生变化的情况下,创业者维持企业正常运营,并保持企业长远发展的基本素质。针对创业者风险承受能力的评估应考虑以下因素。

1)风险识别能力

承受风险的第一步是识别风险。创业者识别风险能力的强弱直接决定风险承受能力的强弱。创业者要科学有效地识别风险,在面对风险事件时,能够有效减少风险事件带来损失的可能性,甚至转危为安,实现收益。反之,创业者在风险识别阶段判断不够准确,加之在防范过程中新风险事件产生的可能,很容易将风险事件带来的危害性扩大,导致创业者和创业团队成员无法有效防范,创业活动失败。

2)风险决策能力

在创业风险防范过程中,风险决策能力的体现是以风险识别能力为前提的。如果没有科学的风险决策能力,再强大的风险识别能力都无的放矢。也就是说,创业者要在正确识别风险的基础上才可能进行科学有效的决策。创业者能及时找到至少一个有效的、可行的风险应对方案或在备选方案中选择最佳方案是创业者风险决策能力的具体体现。将风险情况与企业实际相结合做出正确的判断,是科学风险决策的有效手段。

3)企业文化

对新创企业来说,树立正确的金钱观、企业价值观是非常关键的问题。创业者可以借助企业文化这一巨大的无形资产在防范创业风险的过程中起到积极作用。健全、健康的企业文化会使创业团队在风险事件突发时,形成强大的向心力和凝聚力,爆发出极强的创造力。但是,在消极的企业文化作用下,风险事件的产生会成为创业团队分裂、创业活动失败的催化剂。树立积极健康的企业文化对创业者风险承受能力的提高十分重要。

4)人力资源管理能力

除了企业文化,另一个重要的无形资产是企业的人力资源。在创业风险防范活动中,实施的主体是新创企业的人力资源,创业者的人力资源管理能力是风险承受能力的重要组成部分。在完善的人力资源管理体制的作用下,员工的个人能力、积极性的提高是防范创业风险的强大保证。在面对风险事件时,创业者可以通过调整绩效制度、组织结构和工作流程等方面提高人力资源管理的有效性,进而提高风险承担能力。另外,如果新创企业本身的人力资源管理存在极大的漏洞,或创业者由于创业风险的影响忽视了对人力资源的管理,那么,新创企业的风险承担能力将大大降低。

5）人际关系能力

"一人计短两人计长。"在防范创业风险的过程中,合理利用人际关系是提高创业者风险承受能力的有效手段。人际关系的作用贯穿创业风险防范过程的始终。在创业风险识别阶段,可以通过人际关系(政府、行业机构、供应商等)获取全面、高质量的信息。在决策阶段,可以借助人际资源网络(专业咨询机构)寻求帮助,进行科学决策。创业者在有效执行决策方案时,要与企业外部各个部门之间保持良好的关系并进行有效的沟通,如创业者与其他同类型企业共同研发新技术、抢占新市场、分流风险等。

6）心理承受能力

对创业者来说,风险无处不在。面对创业风险,创业者的个人心理承受能力起到了极大的作用,并贯穿于整个创业风险防范过程。首先,创业者心理预警机制的建立直接影响对风险的识别判断甚至防范管理。在没有任何风险征兆时,创业者应具有随时面对任何风险的心理准备,居安思危,不打无把握之仗。同时,完善的心理预警机制可以为创业风险决策提供强大的心理支持,避免在措手不及之下做出错误的决策、判断。其次,创业者的承压能力也是心理承受能力的重要组成部分。在处理复杂的创业风险事件时,把握转瞬即逝的时机非常重要,这需要强大的心理承受能力。在风险事件暴发时,关键看创业者能否顶住压力,全盘考虑,不顾此失彼,科学分析,不头脑发热,做出正确决断。

6.2.2 创业风险的识别

既然创业风险是创业过程中不可避免的现象,那么直面风险并化解风险是创业过程中的重要任务。风险识别是应对一切风险的基础,只有识别了风险才有可能化解风险。同时,风险也是一种机会,应开拓、提高风险的积极作用。创业风险识别是创业者根据企业活动,对创业企业面临的现实和潜在风险运用各种方法加以判断、归类并鉴定风险性质的过程。创业者必须掌握风险识别的能力,并不断提高这种能力。

1）树立风险意识

作为创业者,应正确树立识别企业风险的基本理念。树立风险意识主要表现在以下5个方面。

（1）有备无患的意识

创业风险的出现是正常的,带来一些损失也是正常的,既不能怨天尤人,也不能骄兵轻敌。其关键问题是要密切监视风险、减少损失、化解不利,甚至将风险转化为盈利的机会。

（2）识别风险的能力

识别风险是为了防范和控制风险。如果创业者在企业没有发生损失之前就能够识别风险发生的可能性,那么,这个风险是可能被管理的。因此,风险识别是进行风险管理的

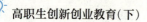

基点。

（3）未雨绸缪的观念

创业风险需要创业者通过对创业活动的迹象、信息归类,认知风险产生的原因和条件,这不仅要识别所面临风险的性质及可能产生的后果,更重要的(也是最困难的)是要识别创业过程中各种潜在的风险,为采取有效措施提供依据。

（4）持之以恒的思想

由于创业风险伴随着整个创业过程,同时,风险具有可变性和相关性的特点,因此,创业者要有打"持久战"的准备。风险的识别工作应连续、系统地进行,并成为企业持续性、制度化的工作。

（5）实事求是的精神

虽然风险的识别是一个主观过程,但是必须遵循客观规律。风险识别是一项复杂而细致的工作,应按特定的程序、步骤和适当的方法有层次地分析各种现象,并做出实事求是的评估。

2）识别风险的具体方法

识别风险的具体方法主要有以下 4 种。

（1）业务流程法

以业务流程图的方式,将企业从原材料采购到产品送到客户手中的全部业务经营过程划分为若干环节,每一环节配上详细的作业流程图,据此确定在哪一个环节进行重点预防和处置。

（2）咨询法

以一定的代价委托咨询公司或保险代理人进行风险调查和识别,提出风险管理方案,供经营决策参考。

（3）现场观察法

通过直接观察企业的各种生产经营设施和具体业务活动,了解和掌握企业面临的各种风险。

（4）财务报表法

通过分析资产负债表、损益表和现金流量表等报表中的每一个会计科目,确定某一特定企业在哪种情况下产生潜在损失及其产生的成因。由于每个企业的经营活动最终要涉及商品和资金,因此,这种方法比较直观、客观和准确。

6.2.3 创业阶段风险规避策略

1）应对技术风险

为应对技术风险,民营企业除了加大研发投入、缩短研发周期,还要加强市场研究,迅速获得现有与潜在市场的产品信息,引领所在领域产品的潮流,并继续开展研究合作,快速完成技术更新。另外,要注意申请技术专利保护,防止技术扩散给民营企业带来损失。

（1）采用模仿创新战略

模仿创新就是在创新者已经成功的技术创新的基础上,投入不多的资金模仿该项技术,并对其进行补充、提高、改良、完善的过程。虽然模仿创新有跟风之嫌,但是可以节省大量的开发费用,提高成功率,缩短从技术到市场的时间,大大降低技术风险。

（2）组建技术研发联合体

企业进行技术创新,特别是自主技术创新,风险大、时间长、复杂性高,单个企业往往难以承受。这时,如果能组建技术开发联合体,可以在一定程度上化解技术开发风险。技术联合体是指两个以上的国内外法人组织联合致力于某一技术或产品的研究开发,实现优势互补、风险共担、利益共享的一体化组织。技术联合体通常是企业和科研机构以及大学之间的联合。建立技术联合体可以获得符合本企业特点的新技术,并能迅速将技术转化为新产品,有效避免企业与科研院所的体系脱节或缺乏必要的中介组织导致的企业不易获得具有开发价值的新技术问题,从而在较低风险的条件下,获得自主创新的技术,形成企业的核心竞争力。

2）应对市场风险

企业要结合发展战略,针对目标市场的要求,根据外部环境因素,有效地利用本身的人力、物力和财力资源,制定市场营销组合策略,最大限度地降低市场风险的作用。创业企业可以在以下两个方面采取有效措施。

（1）树立以市场为导向的整合营销理念

要在瞬息万变、竞争激烈的市场中生存,企业必须树立正确的市场营销理念,重视市场营销的作用,这是企业开展一切营销活动的前提。虽然,成功的高科技企业不一定拥有最先进的技术和最好的产品,但是,它们一定拥有正确的营销理念和最好的营销策略。因此,企业要规避市场营销风险,首先应增强现代营销观念,把市场营销工作放在重要的地位。此外,在进行产品规划、渠道选择与制定产品价格和促销策略时都要以市场为导向,从客户角度出发。同时,生产研发部门应注意与营销部门配合,响应市场需求,实现技术与市场的完美结合。

（2）生产适销对路的产品

面对消费需求的不断变化和竞争对手产品更新步伐的加快,加快新产品研发的速度是预防产品风险的重要途径。面对已经发生的产品风险,尽快开发出符合市场需要的新产品是企业走出困境、摆脱困境的有效举措。企业应根据市场需求和企业目标,对产品组合的宽度、深度和关联度进行决策。一般情况下,扩大产品组合的宽度、增加产品线的深度、加强产品组合的关联程度可以降低企业的投资风险,增加产品的差异性,适应不同客户的需求,从而提高企业在某一地区或某一行业的声誉。

3）应对财务风险

（1）根据企业的经营战略确定合理的债务结构

企业应根据企业的经营战略安排企业的资本结构和负债结构。最优的资本结构是指企业综合资金成本率最低、股东投资利润率最高的资本结构，同时也是财务风险最小的资本结构。企业要根据自身的生产经营发展状况，合理设计资本结构中的各种比例关系，如负债和总资产的比例关系，负债中短期负债和长期负债的比例关系。通过对不同来源、不同时期、不同层次的各种资本要素的有机协调，达到降低财务风险、有利于企业发展的目的。

（2）做好现金预算，加强财务预算控制

民营企业借款时应注意安排未来还本付息的资金，否则需要借新债还旧债。创业企业举债能力较弱，容易发生不能支付到期债务的现金流量风险。企业可以通过编制现金预算、合理调度资金、加快资金周转、加强收支管理、加强财务预算控制、控制未来的发展规模，以及进行现金预算和其他财务预算的监督，避免因为盲目发展而陷入资金不足的困境。

（3）保持资产流动性

由于企业资金流转总是周而复始的，因此，资产流动性是企业的生命。企业必须加速存货周转，缩短应收账款周转期，以保持良好的资产流动性。企业应降低整体资产中固定资产的比例，降低产品中固定成本的比例，从而降低企业的经营风险。

4）应对管理风险

企业应建立一套完整的管理制度和科学的决策程序来降低管理风险。

（1）建立健全现代企业制度

建立科学的决策和监督机制是企业控制管理风险的前提，而这些离不开合理的产权制度与健全的企业内部治理结构。因此，为减少企业管理风险，企业必须按照现代企业制度的要求，建立起真正完善的法人治理结构。经营者激励机制是法人治理结构中不容忽视的重要问题，解决好经营者特别是中高层管理人员的利益分配问题，不仅可以引导他们致力于企业利益最大化，尽可能将决策风险和操作风险降到最低程度，减少经营者的短期行为，还可以对企业"内部人控制"现象起到遏制作用。

（2）完善企业内部控制制度

完善企业内部控制制度的一个重要手段是建立严密的内部控制系统。企业内部控制系统必须覆盖企业的各项业务、各个部门和各级人员，并渗透到投资决策、执行、监督、反馈等环节。同时，企业还必须建立科学的授权制度和岗位分离制度。

（3）提高决策者、管理者的自身素质

对企业中高层管理人员的使用必须坚持德才兼备的用人标准。在人员甄选的过程中，两个方面的素质都应该列入考核内容，同时，应加强员工的职业道德教育和业务培训工作。

拓展阅读

高职生创业的风险及其防范

做任何一件事情都会有风险,创业更是如此。那么,高职生创业需要防范哪些风险呢?

1. 项目不当

高职生创业时,如果缺乏前期市场调研和论证,只凭自己的兴趣和想象来决定投资方向,甚至仅凭一时心血来潮做决定,一定会碰得头破血流。

高职生创业者在创业初期一定要做好市场调研,在了解市场的基础上创业。一般来说,高职生创业者资金实力较弱,选择启动资金不多、人手配备要求不高的项目,从小本经营做起比较适宜。

2. 缺乏创业技能

很多高职生创业者眼高手低,当创业计划转变为实际操作时才发现自己根本不具备解决问题的能力,这样的创业无异于纸上谈兵。为了获得创业技能,一方面,高职生应去企业打工或实习,积累相关的管理和营销经验;另一方面,积极参加创业培训,积累创业知识,接受专业指导,提高创业成功率。

3. 资金风险

资金风险在创业初期会一直伴随在创业者的左右。是否有足够的资金创办企业是创业者遇到的第一个问题。企业创办起来后,必须考虑是否有足够的资金支持企业的日常运作。对于初创企业来说,如果连续几个月入不敷出或者其他原因导致企业的现金流中断,都会给企业带来极大的威胁。相当多的企业会在创办初期因资金紧缺严重影响业务的拓展,甚至错失商机。

另外,如果没有广阔的融资渠道,创业只能是空谈。除了银行贷款、自筹资金、民间借贷等传统方式,还可以充分利用风险投资、创业基金等融资渠道。

4. 社会资源贫乏

企业创建、市场开拓、产品推介等工作都需要调动社会资源,高职生在这方面会感到非常吃力。高职生平时应多参加各种社会实践活动,扩大自己人际交往的范围。创业前,可以先到相关行业领域工作一段时间,通过这个平台,为自己日后的创业积累人脉。

5. 管理风险

一些高职生创业者虽然技术出类拔萃,但理财、营销、沟通、管理方面的能力普遍不足。要想创业成功,高职生创业者必须技术、经营两手抓,可以从合伙创业、家庭创业或从虚拟店铺开始,锻炼创业能力,也可以聘用职业经理人负责企业的日常运作。

创业失败基本上都是管理方面出现的问题,包括决策随意、信息不通、用人不当、忽视创新、急功近利、盲目跟风等,特别是高职生知识单一、经验不足、资金实力和心理素质明显不足,会进一步增加管理风险。

6. 竞争风险

如何面对竞争是每个企业都要随时考虑的事,而对新企业更是如此。如果创业者选择的行业是一个竞争非常激烈的领域,那么在创业之初极有可能受到同行的强烈排挤。一些大企业为了把小企业吞并或挤垮,常常采用低价销售的手段。对于大企业来说,由于规模效益或实力雄厚,短时间的降价并不会对它造成致命的伤害,而对初创企业则可能意味着彻底毁灭。因此,考虑好如何应对来自同行的残酷竞争是创业企业生存的必要准备。

7. 团队分歧

现代企业越来越重视团队的力量。创业企业在诞生或成长过程中最主要的力量来源一般都是创业团队。一个优秀的创业团队能使创业企业迅速地发展起来。与此同时,风险也蕴含其中,团队的力量越大,产生的风险也就越大。一旦创业团队的核心成员在某些问题上产生分歧,极有可能对企业造成强烈的冲击。

事实上,做好团队的协调并非易事,特别是与股权、利益相关时,很多初创时很好的伙伴都会闹得不欢而散。

8. 缺乏核心竞争力

对于具有长远发展目标的创业者来说,他们的目标是不断发展、壮大企业,因此,企业是否拥有核心竞争力就是最主要的风险。一个依赖别人的产品或市场来打天下的企业是永远不会成长为优秀企业的。核心竞争力在创业之初可能不是最重要的问题,但要谋求长远的发展,就是最不可忽视的问题。没有核心竞争力的企业终究会被淘汰。

9. 人力资源流失

一些研发、生产或经营性企业需要面向市场,大量的高素质专业人才或业务队伍是这类企业成长的重要基础。防止专业人才和业务骨干流失是创业者时刻需要注意的问题,在那些依靠某种技术或专利创业的企业中,拥有或掌握这一关键技术的业务骨干人员的流失是创业失败的最主要风险。

10. 意识上的风险

意识上的风险是创业团队内在的风险。这种风险无形却有强大的毁灭力。其中,风险较大的意识有投机心态、侥幸心理、试试看的心态、过分依赖他人的心理、回本的心理等。

创业的财务管理

7.1 创业融资方式

创业融资是指创业者为了将某种创意转化为商业现实，根据未来新创企业经营策略与发展需要，经过科学的预测和决策，通过不同渠道、采用不同方式向风险投资者或债权人筹集资本，组织创业启动资本的一种经济行为。创业者应根据新创企业在成立前后的资本需求特征，结合创业计划和企业发展战略合理确定资本结构以及资本需求数量。

7.1.1 融资方式

融资方式是指企业筹集资本所采取的具体形式和工具，体现了资本的属性和期限。目前，我国企业主要的融资方式和特点如下。

1）吸收直接投资

吸收直接投资是指企业以协议等形式吸收国家、其他单位、民间或外商直接投入的资金，并由此形成企业全部或部分资本金的融资方式。吸收直接投资是非股份有限公司筹措资本金的基本方式。

2）发行企业股票

发行企业股票筹资是股份公司按照公司章程依法发售股票直接筹资，形成公司股本的一种筹资方式。发行股票筹资以股票为媒介，仅适用于股份公司，是股份公司取得股权资本的基本方式。

3）发行企业债券

发行企业债券筹资是企业按照债券发行协议通过发售债券直接筹资，形成企业债权资本的一种筹资方式。在我国，股份有限公司、国有独资公司等可以采用发行债券筹资的方式，依法发行公司债券，获得大额的长期债权资本。

4）银行借款

银行借款筹资是企业按照借款合同从银行等金融机构借入各种款项的筹资方式。银行借款广泛适用于各类企业，是企业获得长期和短期债权资本的主要筹资方式。

5）商业信用筹资

商业信用筹资是企业通过赊购商品、预收货款等商品交易行为筹集短期债权资本的一种筹资方式。这种筹资方式比较灵活，被各类企业采用。

6）租赁筹资

租赁筹资是企业按照租赁合同出租资产从而筹集资本的特殊筹资方式。各类企业都可以采用租赁筹资方式,出租所需资产,形成企业的债权资本。

7)民间借款

民间借款是向非金融机构的民间资金取得借入资金的一种重要方式。与银行贷款相比,民间借款更加灵活快捷,但筹资成本可能较高,适合中小规模的融资。能否获得借款主要看自己的社会关系、口碑和信用。

7.1.2 融资的分类

根据不同的口径和特点,对融资进行如下分类。

1)债权融资与股权融资

创业融资活动按照资本的来源和方式,可以划分为债权融资和股权融资。债权融资是指企业通过举债的方式进行融资,债权融资所获得的资金,企业需要支付利息,并在借款到期后向债权人偿还本金。股权融资则指企业通过出让部分企业所有权,通过企业增资的方式引进新的股东的融资方式。股权融资所获得的资金,企业无须还本付息,但新股东将与老股东分享企业的盈利与增长。

2)内部融资和外部融资

创业的全部融资按资本来源的范围,可以划分为内部融资和外部融资两种类型。内部融资是指创业者自己或家庭通过原始积累形成的资本来源。内部融资是在创业者个人、家庭或者亲朋内部形成的,一般无须花费融资费用。对创业者而言,内部融资主要来源于创业者父母、亲朋的支持,也有的是自己的积累。外部融资是指当内部融资不能满足需要时,向上述人际圈之外融资形成的资本来源。对于很有发展潜力的创业项目来讲,内部融资往往难以满足需要。因此,创业者需要开展外部融资。外部融资大多需要花费融资费用。创业者应在充分利用内部融资后,再考虑外部融资问题。

3)直接融资和间接融资

创业融资活动按其是否以金融机构为媒介,可以分为直接融资和间接融资。

直接融资是指资金提供者与资金需求者在金融市场上相互之间进行的融资活动。创业者作为货币需求者,可以直接发行融资凭证给货币资金供给者。直接融资的资金供求双方直接联系,根据各自需要实现资金融通。双方直接形成债权与债务的关系,债务人面对直接债权人的监督,在经营上会有很大的压力,从而促进资金使用效益的提高。通过发行长期债券和发行股票筹集资金具有长期使用的特点,但直接融资的双方在资金数量、期限、利率等方面比间接融资受到的限制更多。对资金供给者来说,直接融资风险缺乏中介的缓冲,比间接融资大。

间接融资是指资金供给者与资金需求者通过金融中介机构进行的融资活动。创业者作为货币需求者,通过银行等金融机构筹资。间接筹资中,银行等金融机构网点多,吸收的存款起点低,能够广泛筹集闲散资金,形成巨额资金。由于金融机构的资产负债多样化,融资风险分散承担,安全性较高。但由于中介的介入,隔断了供求双方的直接联系,从一定程度上减少了对投资对象经营状况的关注以及筹资者在资金使用方面的压力和约束。

4）长期融资和短期融资

根据创业融资期限的不同,可以划分为长期融资和短期融资两种类型。长期筹资是指企业作为筹资主体,根据其经营活动、投资活动、调整资本结构等长期需要,通过长期筹资渠道和资本市场,运用长期筹资方式,经济、有效地筹措和集中长期资本的活动。通常情况下,适合企业的融资的方式有股权融资、债权融资、银行贷款、融资租赁和海外融资5种。短期融资是指筹集企业生产经营过程中短期所需要的资金。短期融资的使用期限一般规定在1年以内,它主要用于满足企业流动资产周转中对资金的需求。短期融资的方式主要有5种,即商业信贷、银行借款、商业票据、短期融资券和典当抵押融资。

7.2 风险资本投入

7.2.1 风险投资

风险投资在我国是一个陌生而又熟悉的概念。在短短的几年中,它从一个生疏的名词成为新闻焦点。风险投资在科学技术向实际生产力转化的过程中起着无可替代的作用,其高收益、高风险、高成长潜力的特点受到人们的青睐。目前,各级政府、高新技术开发区、大型企业以及金融机构已经开始研究并实施风险投资。全国许多地方已经成立了风险投资公司。在此,有必要深入理解"风险投资"这一概念。

凡是投资活动都存在风险。风险投资,除了一般意义上的投资内涵,还泛指一些具有高风险和潜在高收益的投资行为,是投资者出资协助没有资金的创业者创业,并承担创业阶段失败的风险。我们通常所讲的风险投资,是指将资金投向具有巨大增长潜力但同时在技术、市场等方面存在巨大失败风险的高新技术产业,以促使金融、产业、科研相结合的一种投融资行为。

如华中理工大学新闻专业3年级的学生李玲玲依靠她的两项发明专利注册了属于自己的武汉天行健科技发展有限公司。她注册的10万元资金不是自己挣的,也不是父母资助的,而是由武汉世博投资公司资助的,她因此成为全国第一个接受风险投资的在校高职生。由此可见,风险投资同其他投资一样,目的也是追求资本的增值,只是投资方式不同。风险投资的特征包括以下5种。

①投资对象多为处于创业期的高新技术中小企业。

②投资期限3～5年,投资方式一般为股权投资。

③投资决策建立在高度专业化和程序化的基础上。

④风险投资人一般积极参与被投资企业的经营管理,提供增值服务。

⑤风险投资人一般会通过上市、收购兼并或其他股权转让方式撤出资本,实现增值。

7.2.2　风险投资要素

风险资本、风险投资人、投资目的、投资期限、投资对象和投资方式构成了风险投资的 6 个要素。

1）风险资本

风险资本是指由专业投资人提供给快速成长并且具有很大升值潜力的新兴公司的一种资本。风险资本通过购买股权、提供贷款或既购买股权又提供贷款的方式进入这些企业。根据投资方式,风险资本可以分为直接投资资金和担保资金两类。前者以购买股权的方式进入被投资企业,多为私人资本;后者以提供融资担保的方式对被投资企业进行扶助,并且多为政府资金。

2）风险投资人

风险投资人是指风险投资过程中的投资实体,主要包括风险资本家、风险投资公司、产业附属投资公司和天使投资人。

(1)风险资本家

风险资本家是向其他企业投资的企业家,他们拥有所投入资本的所有权,通过直接投资来获取利润。他们的投资意向是建立在自己丰富的实践经验和准确的判断力上的,是经过深思熟虑才得以确定的。

(2)风险投资公司

这是现在最普遍的投资方式,它主要是通过风险投资基金来进行投资,这些基金一般以有限合伙制为组织形式,其合伙人分为有限合伙人和一般合伙人两种。每个风险投资公司都有自己具体的运作程序,但总的来说包括初审、风险投资家之间的交流、邀创业者面谈、责任审查、条款清单、签订合同和投资生效后的监管几个步骤。

(3)产业附属投资公司

这类投资公司往往是一些非金融性实业公司下属的独立风险投资机构,他们代表母公司的利益进行投资。这类投资人通常主要将资金投向一些特定的行业。和传统风险投资一样,产业附属投资公司同样要对被投资企业递交的投资建议书进行评估,深入企业作尽职调查并期待得到较高的回报。

(4)天使投资人

这类投资人通常投资于非常年轻的公司,目的是帮助这些公司迅速启动。在风险投资领域,"天使投资人"是指企业的第一批投资人,这些投资人在公司产品和业务成型之前就把资金投入进来了。虽然,天使投资是创业融资市场上的"新面孔",但由于天使投资的门槛比一般的风险投资低很多而备受创业者青睐,成为创业融资的新渠道。

①天使投资的特征。

A. 高科技。投资对象多为处于种子期和初创期的中小型高新技术企业,投资的目的不是项目本身,而是高新技术背后所潜在的巨额利润。

B. 高风险。从投入到退资一般需要经过 3~7 年,因此具有较大的投资风险。

C. 高回报。每年的投资回报率约为 30%。

②天使投资与一般风险投资的比较。虽然,天使投资是风险投资家族的一员,但与常规意义上的风险投资相比,又有着以下几点不同之处。

A. 投资者不同。天使投资人一般以个体形式存在。目前,国内的天使投资人主要有 3 类:第一类是外国公司在中国的代表或管理者,如"微软"副总裁李开复博士,"微软"中国研究院张亚勤博士,他们曾投资清华大学的学生创业团队"东方博远";第二类是对中国市场感兴趣的外国人和海外华侨,如投资"亚信"的刘耀伦先生,投资"搜狐"的美国麻省理工学院尼古拉庞帝教授;第三类是国内成功的民营企业家。

B. 投资金额不同。天使投资的投资额相对较少。

C. 投资审查程序不同。天使投资对创业项目的审查不太严格,大多基于投资人的主观判断或喜好决定,手续简单,而且投资人一般不参与管理。

3)投资目的

风险投资虽然是一种股权投资,但投资的目的并不是获得企业的所有权,不是控股,更不是经营企业,而是通过投资和提供增值服务把投资企业做大做强,然后,通过公开上市、兼并收购或其他方式退出,在产权流动中实现投资回报。

4)投资期限

风险投资人帮助企业成长,但他们最终寻求渠道将投资撤出,以实现增值。风险资本从投入被投资企业起到撤出投资为止间隔的时间长短称为风险投资的投资期限。作为股权投资的一种,风险投资的期限一般较长。其中,创业期风险投资通常在 7~10 年进入成熟期,而后续投资大多只有几年的期限。

5)投资对象

风险投资的产业领域主要是高新技术产业,如软件业、医疗保健业、通信产业和生物科技产业等。

6)投资方式

从投资性质看,风险投资的方式有 3 种:一是直接投资;二是提供贷款或贷款担保;三是提供一部分贷款或担保资金,同时,投入一部分风险资本购买被投资企业的股权。不管哪种投资方式,风险投资人一般都附带提供增值服务。从进入方式看,风险投资有两种不同的进入方式:一是将风险资本分期分批投入被投资企业,这种情况比较常见,既可以降低投资风险,又有利于加速资金周转;二是一次性投入,这种方式不常见,一般来说,风险资本家和天使投资人可能采取这种方式,一次投入后,很难也不愿提供后续资金支持。

7.2.3　高职生创业企业吸引风险投资的方法

1）化解风险吸引投资

高职生创新创业企业面临巨大的风险,如技术开发风险、生产风险、市场风险、信用风险、管理风险和竞争风险等。当然,在伴随着高风险的同时,新创企业也潜藏着巨大的高收益。但高职生创新创业者的原始资金往往不足以满足做研发、市场推广工作的资金需求,因此需要从外面引入资金。

高职生创新创业者的资金需求主要受制于:第一,资本的潜在供给量是否符合资本的规范要求原则。第二,在平衡风险与收益后,资本投入带来的经济利润是否大于当时资金的平均利润率。传统的融资方式,如银行借贷、民间借贷,一般在风险和收益的平衡中更注意风险的大小,以安全性作为借贷的首要条件,同时借贷利息无法与所承受的高风险相对称,因此,两者无法成为风险资本的提供者。而股市融资一般具有较高的门槛,高职生新创的企业一般无法达到其要求。此外,民间直接融资资金供给量小,风险抗击力差。所以,传统的投融资形式无法满足新创企业尤其是高新技术企业的资金需求,不能成为风险投资的资本供给主体。

那么,新创企业如何降低风险,吸引风险资本的投入呢？假定资本与创业企业分别为两个独立的经济主体,都是为了追求利润的最大化。资本为了降低风险,有以下几个途径。

①聘请一些专业的技术、财务、管理专家对新创企业拟上项目进行评估、筛选,对已投资企业进行监控、参与企业管理、战略规划。因为资金与创业企业间存在信息不对称、知识鸿沟等情况,创业企业一般由技术开发者拥有,技术开发人员缺乏管理与资本运营的知识和经验。通过专家的介入,在资本与创业企业中形成一条纽带,提高创业企业成功的概率,维护双方的利益,自然就降低了风险。

②通过基金募集的方式筹措资本,使得资金的原始供给者多元化,分散了风险。

③通过资金的组合投资,分别投资与风险存在差异的企业来分散风险,风险的差异来自企业所属的行业、企业所处的不同阶段。

④采用分期投入的方式降低风险。

⑤通过有限合伙制的组织形式激励与约束专家队伍。

通过以上途径,一般可以有效降低新创企业的风险,提高收益。当高职生新创企业经过风险调整和修正后相应的投资收益率大于相同时期资本市场平均利润率时,资本就会作为一种权益资本奔向新创企业的怀抱。

2）吸引天使投资

天使投资人通常投资非常年轻的公司以帮助这些公司迅速启动。风险投资由于门槛比风险投资低很多备受创业者青睐,成功吸引天使投资也不失为高职生创新创业融资的可行渠道。

据了解,我国民营企业经过多年发展,已经积累了大量资本,迫切需要寻找投资方向,以便在新一轮发展中抢占先机,而天使投资正是为民间资本普遍看好的投资新领域。但天使投资的成功率并不高,投资者对其投资行为依然十分谨慎。据了解,天使投资者对投资项目的评判标准主要有以下 10 点。

①是否具有足够的吸引力。

②是否具有独特的技术。

③是否具有成本优势。

④能否创造新市场。

⑤能否迅速占领市场份额。

⑥财务状况是否稳定,能否获得 5～10 倍高于原投资额的潜在投资回报率。

⑦是否具有盈利经历。

⑧能否创造利润。

⑨是否具有良好的创业管理团队。

⑩是否有一个明确的投资退出渠道等。

因此,天使资金与风险投资一样,不会轻易从天上掉下来,而是有的放矢。对于高职生创新创业者来说,要想获得天使投资的青睐,首先要注意自身所拥有技术的商业化程度。其次,要注意项目技术发展的持续性和竞争性,要注意产品进入市场的反应,不要等技术完全成熟后才考虑全面进入市场。再者,高职生创新创业者要提供一份思路清晰、论证充分、观点鲜明的商业计划书,并能给出 10～20 倍回报或在 5 年内提供 5 倍回报的利润,这样才能在众多的申请案例中吸引天使投资者的"眼球"。

7.2.4　高职生创业的备战原则

1)别把鸡蛋放一个篮子里

"破釜沉舟,置之死地而后生。"但通过大量的调研发现,这对于初次创业者是不可行的,不管是已经创业成功的人还是相关专家,都不赞成高职生在创业初期就投入自己所有的资金积蓄,甚至大肆举债。

由于高职生自身市场经验、管理能力等方面的不足,初次创业成功的概率通常只有20%～30%。这是高职生自我摸索和学习的一个阶段。如果过多投入,一旦失败,会对今后的发展产生巨大影响。对于那些没有开始创业,就整天想着从哪里获得更多的贷款,甚至寻求风险投资机构帮助的举动,是不值得提倡的,其原因在于:首先,作为创业学生,从这些渠道获得资金的概率非常小,投资专家是不会轻易把钱投在那些初出茅庐的人身上,哪怕你自认为有非常好的项目和机会。其次,过多的投入很可能一开始就把事情放在自己不能掌控的地步,加大风险。

专家建议,尽量将创业资金数额降到最低。选择那些只需要少许现金,并能充分实现个人才华和专长的事业做起,给自己一个积累经验和资本的过程。

2)好的选址是成功的一半

公司选址对于一些项目投资来说至关重要,有时候,公司选址直接决定公司是否能够获得较好的利润。比如,刘小姐在毕业后自己开了一家服装店,自己采购和进货,不卖品牌卖个性。最初,她把店址选在上海一条非常有名的高档商业街,开张后生意还算不错,但半年后,刘小姐发现自己几乎没有赚到钱。因为这里的租金很高,再去掉电费、杂费等就所剩无几,而衣服的定位又决定了利润空间。在朋友的建议下,刘小姐决定把店开在人气较旺的浦东某地铁出入口,或者干脆搬到大学附近。这样既节省了一大笔开支又符合小店的定位。

专家建议:厂、仓储等企业为了减少中间环节,降低生产成本,提高运行效率,可以选在开发区,而公司则以交通便利、商务服务完善、租金合理为原则。对于服务性行业,可以根据经营内容来选择地址,服装店、小超市要开在人流量大的地方。保健用品商店和老人服务中心,适宜开在安静但又有固定客源的地方。

对于那些利用电子商务或者与网络有关的项目,选择面就更广了,可以在不影响邻居的情况下开在居民楼里,甚至开在自己的卧室,这样可以在创业初期节约大笔开支。

7.3 创业财务预算

高职生在踌躇满志地创建自己的企业前,进行切实详细的财务预算是必要的一环。财务预算是企业全面预算的一个环节。全面预算是一整套用来规划计划期企业全部经济活动和经营成果的预计的财务报表和其他附表,包括日常业务预算、专门决策预算和财务预算3类。

日常业务预算是反映企业在计划期日常发生的各种具有实质性基本业务活动的预算。主要包括销售预算、生产预算、直接材料采购预算、直接人工预算、制造费用预算、单位生产成本预算、管理费用预算等。

专门决策预算是反映企业不经常发生的长期投资决策项目或一次性专门业务的预算,它实际上是对选中方案的进一步规划。

财务预算作为全面预算体系中的最后一个环节,可以从价值方面总括地反映计划期现金收支、经营成果和财务状况的预算。日常业务预算和专门决策预算最终都可以折成金额反映在财务预算中,财务预算因此也称为总预算,其他预算也可以称为分预算。财务预算主要包括现金预算表、预计收益表和预计资产负债表3种。

7.3.1 财务预算的编制方法

1)固定预算与弹性预算

固定预算又称静态预算,是指计划期内正常的、可实现的某一业务量水平为唯一基础来编制预算的办法。这是比较传统的预算方法,适合于业务量水平较稳定的企业使用。

弹性预算法是指在对成本习性分析的基础上,以业务量、成本和利润之间的依存关系为依据,按照计划期可预见的各种业务量水平,编制能够适应多种情况的预算的方法。

2)增量预算与零基预算

增量预算是指以基期成本费用水平为基础,结合计划期业务量水平和有关降低成本的措施,通过调整原有费用项目而编制预算的方法。这种方法简单易行,在生产上被广泛采用,但它的编制受原有费用项目的限制,很可能使原来不合理的费用开支延续下来,形成不必要开支的合理化,造成浪费。

零基预算是在编制成本费用预算时,不考虑以往会计期间发生费用项目或费用数额,以零为起点,一切从需要和可能出发,逐项审议计划期内各项费用的内容和开支标准是否合理,在综合平衡的基础上编制预算费用的一种方法。该方法克服了增量预算的缺陷,但操作起来比较烦琐。企业可以根据具体情况将零基预算与增量预算结合起来,在认为成本费用会有较大变动时做一次零基预算,之后几年可以采用增量预算法。

3)定期预算与滚动预算

定期预算是指在编制预算时,以不变的会计期间作为预算期的一种预算方法。这种方法是在年初编制全年的计划,因此经常存在预算滞后的问题。为克服定期预算的缺陷,实践中出现了滚动方式编制预算的方法,即滚动预算法。滚动预算法是指在编制预算时,逐期向后滚动,使计划期永远保持 12 个月的一种编制预算的方法。这种预算方法使预算具有较高的透明度,而且能够对预算进行及时调整,并具备连续性。具体做法是:每过一个季度或月份,立即根据前一个季度或月份的预算执行情况,对以后季度或月份的预算进行修订,并增加一个季度或月份的预算。这样,以逐期向后滚动、连续不断的预算形式规划企业未来的经营活动。

7.3.2　日常业务预算

日常业务预算是在科学预测的基础上进行的,目标利润是其编制的主要依据。

1)销售预算

编制销售预算的依据主要是产品的预计销售数量、产品的销售单价和产品销售的收账条件。预计销售额可以通过下面公式计算得出。

$$预计销售额 = 预计销售量 \times 预计销售单价$$

为了给编制现金预算提供资料,销售预算通常还包括现金收入的预算,以反映每个预算期内因销售而收回现金的预计数。

销售预算通常要分产品品种、分月、分区域编制,然后,由公司进行汇总。为了说明预算的编制方法,这里以生产企业为例。

2)生产预算

生产预算编制的依据主要是销售预算的每季预计销售量以及计划期间每季的期初、期末存货量。

3）直接材料采购预算

直接材料采购预算编制的依据主要是生产预算的每季预计生产量、单位产品的材料消耗定额、计划期间的期初和期末存料量、材料的计划单价、采购材料的付款条件等。

编制方法主要是按材料类别分别根据以下公式计算出预计采购量，然后填入预算表中。

预计购料量 = 生产需求量 + 计划期预计存料量 − 计划期初存料量

4）直接人工预算

直接人工预算也是以生产预算为基础编制，是对单位产品工时、每小时人工成本及人工总成本所做的预算。直接人工预算比直接材料预算简单，不需要考虑存货因素，可以直接根据预算生产量所需要的直接工时及每小时人工成本编制。

直接人工总成本（直接人工工资）可以通过下式计算。

直接人工总成本 = 预计生产量 × 单位产品工时 × 每小时人工成本

由于直接人工工资需要企业以现金支付，因此不需要另外编制现金支出预算，直接人工预算可以直接为现金预算提供现金支出资料。

5）制造费用预算

制造费用预算是对那些为产品生产服务，但不能直接计入产品成本的间接费用所做的预算。与直接材料、直接人工不同，制造费用与产品生产数量并不保持直接的比例关系，有些制造费用随产品生产数量的增减变化而变化，有些制造费用与产品生产数量没有直接关系，如折旧费等。为编制制造费用预算，通常将制造费用分为变动制造费用和固定制造费用，并分别对变动费用和固定制造费用编制预算。变动制造费用以生产预算为基础编制。

变动制造费用 = 预计生产量 × 单位产品变动制造费用

固定制造费用与本期生产数量无关，需要按照费用项目逐项根据每一预算期内实际需要的支付额进行预计。

预算期内预计制造费用 = 预计变动制造费用 + 预计固定制造费用

预计现金支出 = 预计制造费用 − 不需要以现金支付的制造费用

6）销售及管理费用预算

销售预算是对销售环节的支出所做的预算。销售费用按照与销售数量之间的储存关系，可以分为变动销售费用和固定销售费用。

对变动销售费用的预算应当以销售预算为基础编制。

预算期内变动销售费用 = 预计销售数量 × 单位变动销售费用

固定销售费用因不随销量变动而变动，可以预算的实际开支为基础编制预算。

管理费用是企业管理部门为组织和管理企业所发生的费用，一般与生产数量和销售数量没有直接联系，属于固定费用，可以采用增量预算或零基预算的方法进行预算。

销售和管理费用大部分也需要本期支付现金，但应注意的是，在编制现金支出预算时，一些不需要支付现金的销售费用和管理费用应扣除。

7）产品成本预算

产品成本预算是对产品的单位成本、总成本的预算。产品成本预算的编制要以直接材料预算、直接人工预算和制造费用预算为基础。

单位产品直接材料费用 = 单位产品材料消耗量 × 材料预计单价

单位产品直接人工费用 = 单位产品工时 × 预计每小时人工成本

单位产品制造费用 = 每小时制造费用 × 单位产品工时

= 制造费用总额 / 产品工时总额 × 单位产品工时

8）产品销售成本预算

产品销售成本预算是关于公司年末产品销售成本的预算,是为编制年度利润表服务的。产品销售预算的编制以产品成本预算及期末产品存货预算为基础。年末预计销售成本可通过以下公式计算。

预计销售成本 = 预计总生产成本 + 期初存货成本 − 期末存货成本

其中,期初存货成本是上一年末的期末存货成本,预计生产总成本来自产品成本预算,期末存货成本是期末存货数量与产品单位成本的乘积,期末存货数量资料来自生产预算。

9）资本支出预算的编制

资本支出预算是对预算期内长期投资项目(回收期超过一年)的未来现金流量进行的估算。主要内容是列示投资方案各年度的用款额度及企业各年需要投入的资金总额,以便筹划相应的资金来源。

10）现金预算

现金预算由 4 个部分组成:现金收入、现金支出、现金溢余或不足、资金筹措和运用。

现金收入部分包括期初现金余额和预期现金收入。期初现金余额是编制预算时预计的,现金收入资料主要来自"销售预算"。

现金支出部分包括预算期内的各项现金支出,其数据主要来自直接材料预算、直接人工预算、制造费用预算、销售及管理费用预算、资本支出预算。此外,还包括所得税预计和预计股利分配等专门预算。值得注意的是,现金支付不包括那些不导致现金支出的费用,如折旧费用、无形资产摊销等。短期借款的利息通常不在该项目中列示,而是放在资金筹措和使用中。

现金溢余或不足部分主要反映现金收入合计与现金总支出需求合计的差额。而现金需求总额包括本期现金支付额与公司政策所要求的最低现金余额之和。最低现金余额是公司为预防意外支出可接受的最低现金持有量。最低现金余额在确定现金溢余或不足时予以扣除,但在确定预计的期末现金余额时则应加回去,因为最低现金余额在本质上并不是一项现金支出。如果差额为正,现金多余,可用于还债或作投资;如果差额为负,现金不足,需要筹集资金。

模块 8
高职生创新创业大赛

8.1　高职院校创新创业案例:"90 后"高职女学生的"冰草田"

"我们将带动更多的农民就业,让农民和消费者同享美好的生活,我们会一直扎根土地,因为土地总是让人看到希望。"

8.1.1　试种失败: 女大学生休学替父"种田"

丁蓉蓉生活在鱼米之乡江苏淮安,从小在父亲经营的蔬菜大棚里长大,对农业有着不同寻常的感情。

有一年暑假,丁蓉蓉去日本亲戚家玩,吃到一种蔬菜,口感嫩脆爽口,了解到这种蔬菜叫冰草,营养成分丰富,在日本深受消费者喜爱。虽然,当时冰草价格在日本每斤(1 斤 = 500克,下同)折合人民币 70 ~ 80 元,但随着中国老百姓的消费升级,还是有机会的。于是,丁蓉蓉竭力说服父亲试种冰草。由于回国飞机带不了种子,因此,丁蓉蓉费了很大周折才将冰草种子引进到国内。父亲试种冰草一年,反复实验都没有成功。冰草的发芽率极低,品质还不稳定。

当时,进口冰草种子价格昂贵。眼见父亲的投资打了水漂,一向不服输的丁蓉蓉觉得自己有必要做些什么,同时,丁蓉蓉也不想错过冰草在国内市场发展的机会,于是她毅然选择休学。

村里人笑话父亲培养的大学生到头来还是回乡种地。"你的任务就是学习,我不同意你休学。"父亲心疼女儿,不想影响女儿的学业,说:"你一个女孩子,哪懂怎么种植冰草?"

丁蓉蓉带着父亲的反对和同村人的不理解开始了她的冰草种植之路。而这一种就是 4年,丁蓉蓉也将土地当成了一项事业。

8.1.2　有苦有乐: 从门外汉变成冰草通

休学期间,丁蓉蓉继续做冰草的种植试验。从来没有干过农活的丁蓉蓉空有一腔热情,却不知道具体该怎么做,这也激起了丁蓉蓉的斗志。因此,丁蓉蓉每天吃住在大棚里,晴天一身土,雨天一身泥。为了成功种植冰草,丁蓉蓉还上网查找各种资料,到处请教农业专家。经过反复实验,丁蓉蓉终于找到了适合冰草生长的温度、湿度、土壤酸碱度、光照强度等环境数据,成为江苏规模化种植冰草的第一人。丁蓉蓉作为现代农业转型的代表,被江苏卫视采访报道。更让人刮目相看的是,经过 18 个月,采用 8 个大棚对 4 个变量进行实验,丁蓉蓉实现了冰草的引种驯化,培育出了新品种:"大叶冰草",打破了国外对冰草种子的长期垄断,将进口冰草种子的育种成本从当时的每斤 5 万元降到了每斤 3000 元。

事实上,丁蓉蓉的创业过程并非一帆风顺。创业初期,丁蓉蓉遇到很多困难。"当时一心只想着将冰草种植的规模扩大,没有考虑推广的问题,结果,冰草压在家里销不出去。"丁蓉蓉回忆说:"最穷的时候身上连 200 元都没有,已经准备放弃了。"后来,丁蓉蓉将创业情况告诉了母校创业学院的颜正英老师。在颜老师的帮助下,丁蓉蓉申请并顺利获得了学校的创业雏鹰基金 10000 元。"钱虽然不多,但在那个时候真的是雪中送炭。"丁蓉蓉告诉记者,学校不仅提供了基金,而且还找专家来帮助她解决高产栽培技术和销售的难题。

"学校专门设立了大学生创业雏鹰基金,每年拿出近 100 万元资助学生创业,为有创业意愿的同学提供资金、场地、技术等全方位扶持。"扬工院副院长傅伟说:"自雏鹰基金设立两年多来,学校已有 21 个自主创业的典型学生(团队),丁蓉蓉只是其中之一。"

8.1.3　持续学习:创业不仅是为了做生意

这一次经历让丁蓉蓉意识到经营企业不仅要懂技术,还要掌握财务、销售、管理等方面的知识。于是,丁蓉蓉在种植的同时还挤出时间学习农业管理知识,并获得了江苏省农产品经纪人高级职业技能证书。在基地慢慢有了起色后,丁蓉蓉回到学校继续学习专业知识,同时,向经管学院的老师认真学习财务、销售方面的知识。

为了解决销售的问题,丁蓉蓉一放假就回家,跑超市、酒店推广冰草。"由于我们是大叶冰草的新品种,口感好,冰珠更多,营养更好,很快得到了市场认可。"父亲种植的多是如大白菜、青椒等普通蔬菜,为了提高农产品利润,丁蓉蓉致力于高经济价值的大叶冰草等稀有果蔬种植和研究。仅 2018 年上半年,基地冰草、草莓、苦菊等农产品的营业额就突破了 1500 万元。冰草不仅占据着淮安地区 90% 以上、华东地区 40% 的市场份额,而且销往山东、安徽、四川等多个省份。

丁蓉蓉成功了。丁蓉蓉的种植基地面积从最初的 10 亩(1 亩 = 666.7 平方米,下同)左右迅速扩大到 300 多亩,成为华东地区最大的冰草种植基地。同时,丁蓉蓉的种植基地被中华全国供销合作总社评为"全国供销合作社系统农民专业合作社示范社",被江苏省农委评定为"省级园艺作物标准园"。2018 年 6 月,南京市江宁区政府将丁蓉蓉的冰草项目引进到南京谷里现代农业示范区,并提供 4000 万元的国际标准大棚给丁蓉蓉从事冰草研究和种植。如今,南京谷里现代农业示范区、淮安国家农业科技园区都有丁蓉蓉的智能化现代农业设施。当丁蓉蓉踌躇满志地站在一排排种植冰草的智能化大棚前,之前那个力排众议的休学创业决定到底是否正确,最终也被时间所验证。父亲也由最初的反对、质疑到现在的支持。"土地总是让人看到希望,蓉蓉不要光想着做生态农业,还要改变农业生态。"丁蓉蓉不仅得到了市场和父亲的认可,而且带动了当地农户的就业,增加了他们的收入。农民原来种植是萝卜、黄瓜、辣椒等普通蔬菜,现在种植的几十元一斤的冰草。"不仅要带动农民致富,还要促进当地农业结构的转型升级,建设好我们美丽的乡村。"

2018年7月，经学校推荐，丁蓉蓉以自身的创业经历前往南京参加了江苏省第四届创新创业大赛。在那里，一大批创客经验让丁蓉蓉受益匪浅，丁蓉蓉也如愿获得了一等奖并入围国赛。同年10月15日，在厦门大学举办的全国第四届创新创业大赛中，丁蓉蓉与清华大学、浙江大学、北京理工大学等知名本科院校的学生同台竞技，其作品再次得到专家认可，以就业创业组全国第一名的成绩获得大赛金奖，其项目被评为"最佳带动就业奖"。比赛现场，26家风险投资人纷纷向她伸出橄榄枝。

鲜花和掌声接踵而至，25岁的丁蓉蓉并没有被冲昏头脑。"人生充满选择，只有持续学习才能让我们探索更多的未知。"

扬州工业职业技术学院党委书记刘金存表示，学校将创新创业教育贯穿于人才培养全过程，着重引导学生强化创新精神，培育创业意识、训练创造能力，培养更多的"丁蓉蓉们"，适应新时代要求。

8.2 高职院校学生创业案例：集策划、设计、制作于一体的广告工作室

随着高职学生就业压力日益增大，部分毕业生转变就业观念，积极主动创业。这里，通过对江苏常州某高职院校艺术系2022届毕业生王某的创业案例进行分析，找出其成功的重要因素，供毕业生参考。

8.2.1 创业背景

艺术设计系2022届动漫班的王某，来自苏北农村的一个普通家庭，虽然学习成绩一般，但是，王某的表达能力强，善于与人交流，具有较好的组织能力，对创业有着非常执着的信念。在校期间，王某便成立了集策划、设计、制作于一体的广告工作室。

8.2.2 案例事件

王某入校后，加入艺术系的团委学生会，做了一名学生会干事。从大一起，王某就开始做各种兼职。每天晚上，王某都会给各个宿舍送桶装纯净水。搬一桶水0.5元，一个晚上大概可以挣10元。没课的时候，王某还会做其他兼职。虽然回报不多，但是王某很享受与人交流的快乐。王某在自己创业的同时，还能够带动身边的同学一起做兼职。由于王某积极参与各种校园活动，成了同学口中津津乐道的"百变学生"。之后，在老师的引导下，王某了解了学院关于学生创业的优惠政策，并非常关注学院关于创新、创业方面的讲座、活动和竞

赛。虽然,老师在和王某家长的沟通中,发现王某家里反对他将心思用在学习以外的地方,但老师一直被王某的这种执着的精神所感动,鼓励王某在兼顾学习的前提下勇于尝试,不要放弃锻炼自己的机会。在得到老师的肯定后,王某坚定了走下去的信心。

高职二年级下学期,学院举办创业大赛,"外行"的王某毅然报名参赛,但面临 3 个难题:第一,没有自己的团队;第二,没有营销方面的专业知识;第三,要在很短的时间内完成一份有专业知识内涵和市场价值的策划书。

王某没有被困难吓倒,他在学生会内部发出倡议,寻找志同道合的人组建团队。这时,王某的老师一方面鼓励王某积极参加比赛。另一方面,老师请人为王某的团队进行创业营销方面的培训。比赛中,虽然王某只取得了第三名的成绩,但正是这次比赛,让王某开拓了人脉,组建了橙果创意工作室,为创业之旅开启序章。

由于经验不足,硬件条件不成熟,在项目中,王某的团队常常效率较低,事倍功半,还要经受客户的冷言冷语。但是,每每想到自己的种种付出,王某便鼓励自己,一次次坚持下去。王某父母不支持王某未毕业先创业。失去后援的王某,创业之路更加艰辛。就在此时,学院及时伸出了援手,免费为王某的团队提供办公场地,系部为他们免费提供办公电脑,学院领导也经常关心王某,原本颓丧的士气因为学院的"雪中送炭"振奋起来。

经过 1 年的发展,常州橙果设计工作室逐渐壮大。为了满足公司业务急速发展的需要,2022 年,集策划、设计、制作于一体的常州橙果广告有限公司成立了。富有朝气的年轻团队、独具创意的设计方案、准确有效的市场策略以及敬业的态度为他们赢得了客户的赞誉。王某在取得一定成绩之后,以多种形式回报母校和社会,如参加公益活动,设立贫困奖学金,并以自己的公司为平台提供实习场所,让更多致力于创业的高职生得到施展的舞台。也正是由此,王某得到了社会各界的肯定。

8.2.3 创业分析与启示

通过王某的奋斗过程,王某的老师也进行了思考和总结。

①老师在教育、指导每一个学生时,要注意从细节观察学生,了解其优点和不足,要善于发现其闪光点,哪怕它真的是一个很小的亮点。抓住这个亮点,化亮点为优势。切不可先入为主,以想当然的模式进行教育。从某个角度来看,老师就像医生,医生要通过望、闻、问、切多条途径了解病患,以求对症下药。老师也需要仔细观察,因势利导地辅导学生。

②鼓励是成功的催化剂,让学生切实体会到老师对他们的信任和期待。"士为知己者死,女为悦己者容。"学生的阅历较少,容易知难而退,老师和家长的帮助往往就应该发生在这个时候。锦上添花人会人,雪中送炭古难求。在逆境中感受到老师和家长的期许和肯定,会振奋人心,从而更进一步,老师的教育也才会达到预期的效果。

③作为教育管理者,必须清醒地认识到"育人"是一个长期的过程,学生的改变需要时间的磨砺。不同的学生,他们的转化周期也是不同的,而且还可能出现反复的情况。因此,老师一定要有长期教育、时时教育、时时关心学生的准备。

高职生创新创业教育(下)

服务地方经济是毕业生创业的宏观导向,正所谓"男怕人错行"。案例中,王某创业走了不少弯路,单纯的体力付出,往往收到的回报甚微。作为艺术系的学生,将创意思维的培养贯穿教学始终,王某最终投入到符合自身发展方向并且符合大环境需求的文化创意产业中,这是成就其日后快速发展的决定性因素。

参考文献

［1］张岳军.高职学生创新创业团队知识共享影响要素与实践路径［J］.创新创业理论研究与实践,2022(10):78-80.

［2］吴璇璇.职教改革背景下高职创新创业实践教学探究［J］.船舶职业教育,2022(3):56-58.

［3］冉博文.工学结合视角下高职学生创新创业能力培养研究［J］.就业与保障,2022(5):112-114.

［4］陈颖.高职院校新工科人才创新创业教育探究［J］.广西教育,2022(15):119-121,126.

［5］魏冲,苏燕,杨柳.高职院校创新创业教育协同育人体系的构建［J］.知识文库,2022(10):127-129.

［6］杨彬楠,黄薇锦.高职院校大学生创业教育的思考［J］.创新创业理论研究与实践,2022(9):73-75.

［7］徐峥,巫程成,徐初娜.高职创新创业教育政社校协同创新模式剖析与路径［J］.内蒙古电大学刊,2022(3):88-94.

［8］向仲攀.基于互联网的创新创业能力教学分析［J］.电子技术,2022(5):158-159.

［9］孔蕴雯.课程思政视域下的高职创新创业教育路径分析［J］.现代职业教育,2022(20):10-12.

［10］杨岩,戴莉,张琪妍.工匠精神与高职学生创新创业能力协同培养研究［J］.黑龙江生态工程职业学院学报,2022(3):93-96.

［11］庄文婷.以供给侧改革思路深化高职院校创新创业教育研究［J］.现代商贸工业,2022(14):59-60.

［12］丰洪微,米媛婷,范哲超.我国高职院校创新创业教育研究可视化分析［J］.晋城职业技术学院学报,2022(3):28-31.

［13］吕宁.高职创新创业教育与专业教育融入模式探索［J］.山西教育(教学),2022(5):7-8.

［14］李盛,曾尧,易兴俊.现代创新创业教育模式下职业教育适应性研究［J］.现代职业教育,2022(19):7-10.

［15］安霞,刘晓蓉."双高计划"背景下高职院校创新创业教育的现状与思考［J］.中国多媒体与网络教学学报(中旬刊),2022(5):185-188.

［16］王宁.高职院校创新创业的技术与商业模式指导［J］.现代职业教育,2022(18):110-112.

［17］吴越.高职院校大学生创业能力提升策略研究［J］.黑龙江人力资源和社会保障,2022（9）:137-139.

［18］朱旭英,黄镜源.大数据时代下高职院校创新创业教育研究［J］.湖北开放职业学院学报,2022(8):18-19,22.

［19］刘祖源,周文海.高职"百万扩招"背景下人才培养质量的提升［J］.江西教育,2022（13）:41-43.

［20］吴智文.高职院校创新创业教育与校园文化建设融合研究［J］.高教学刊,2022(11):48-51.

［21］瞿凡,李松.基于创新创业背景的高职院校学生创新能力培养激励机制研究［J］.柳州职业技术学院学报,2022(2):44-47.

［22］刘晶,江其霞.高职院校创新创业教育质量评价研究［J］.柳州职业技术学院学报,2022(2):56-60.

［23］鞠红霞,黎华.高职创新教育"小问题,大志向"新理念研究［J］.柳州职业技术学院学报,2022(2):33-38.

［24］贾国江.大学生职业生涯规划［M］.北京:北京师范大学出版社,2019.

［25］袁畅,廖江涛,周姗.大学生创新创业教育［M］.北京:高等教育出版社,2018.

［26］赵俊亚,李明.大学生创新创业教育［M］.北京:清华大学出版社,2019.

［27］李成钢.大学生创新创业经营模拟实践教程［M］.北京:中国纺织出版社,2018.

［28］范耘,罗建华,刘勇.创新创业实用教程［M］.北京:机械工业出版社,2017.

［29］徐艳,王化中,陈俊启.创新思维与方法［M］.东营:中国石油大学出版社,2017.

［30］黄海荣.大学生创新创业教育指导［M］.上海:上海交通大学出版社,2016.

［31］达芳菊.大学生创新与创业教育教程［M］.北京:中国传媒大学出版社,2016.

［32］张秀娥.创业管理［M］.北京:清华大学出版社,2017.